Stefanie Stoltenberg

Siegen-Wittgenstein

50 MIKROABENTEUER

ZUM ENTDECKEN UND GENIESSEN

360° medien

IMPRESSUM

Siegen-Wittgenstein
50 MIKROABENTEUER ZUM ENTDECKEN UND GENIESSEN
Stefanie Stoltenberg

Nachtigallenweg 1 I 40822 Mettmann

Redaktion und Lektorat: 360° medien

Satz und Layout: Elke Gräfe

Gedruckt und gebunden:
LD Medienhaus I Hansaring 118 I 48268 Greven I www.ld-medienhaus.de

Bildnachweis: siehe Seite 256

ISBN: 978-3-96855-502-7
Hergestellt in Deutschland

360grad-medien.de

Stefanie Stoltenberg

Siegen-Wittgenstein

50
MIKROABENTEUER
ZUM ENTDECKEN UND GENIESSEN

360° medien

Vorwort

Wald, soweit das Auge reicht, Baum an Baum, frisch-würzige Luft mit harzigem Duft, Ruhe abseits der quirligen Städte und oft so unfassbar idyllisch: Siegen-Wittgenstein ist eine etwas versteckte Schönheit, die sich ein bisschen herb, zurückhaltend und schüchtern gibt. Wer auf die Suche geht, sich auf die Region einlässt, wird begeistert sein.

Wer hier lebt, ist nie weit weg von der Natur – selbst in der Großstadt Siegen ist alles grün. Rund 86 Prozent der Fläche innerhalb der Stadtgrenzen sind bepflanzt, ermittelte 2016 die Berliner Morgenpost anhand von Satellitenbildern. Damals war Siegen bei einem Vergleich von 79 Großstädten die grünste Großstadt Deutschlands.

Daran hat sich nicht viel geändert – die gesamte Region Siegen-Wittgenstein ist eine der waldreichsten bundesweit. Bezaubernd ist die Mittelgebirgslandschaft am und im Rothaargebirge im südlichsten Zipfel Südwestfalens – ein Paradies für Wanderer, Radler und Outdoorfans. Abschalten, ausspannen und ganz bei sich ankommen ist hier einfach.

Da leben, wo andere Urlaub machen – das passt ziemlich gut auf Siegen-Wittgenstein. Es ist wohltuend, abseits der Massen und des Trubels, Lärms und der Hektik der ganz großen Städte zu leben – aber nicht weit weg, denn Frankfurt am Main zum Beispiel ist in rund 90 Minuten mit dem Auto oder Zug erreichbar, Köln oder Dortmund in einer Stunde. Die Natur lauert in Siegen-Wittgenstein quasi immer schon direkt um die Ecke.

Viele kennen die Region nicht oder denken an eine graue Industriestadt, wenn sie z. B. von Siegen hören. Je nachdem, von welcher Seite aus man sich nähert, ist der erste Eindruck auch genau dieser. Schaut man genauer hin, zeigt sich der wahre Reiz von Siegerland und Wittgenstein: Platz satt für alle, die das Grün lieben und Erholung suchen, Wälder und Natur, die entdeckt werden wollen, gesunde Lebensmittel, die einfach lecker sind – regional und nachhaltig erzeugt, Kunst und Kultur selbst in kleinen Ortschaften, bodenständige Menschen, traditionelles Handwerk, schnucklige Fachwerkhäuschen.

Ebenfalls in einer wunderschönen, aber leider eher unbekannten Mittelgebirgsregion – der Oberpfalz – geboren und aufgewachsen, hat es mich an die Uni Siegen verschlagen – damals noch recht einsam auf ihrem Berg. Umso schöner, dass das studentische Arbeiten und Leben nun auch seinen Platz in der Innenstadt gefunden hat und die Studenten integriert sind. Auch hat sich in der Stadt baulich viel getan, sie ist naturnäher geworden und wird es noch weiter. Perfekt passend zur Region im Grünen, zur waldreichsten Region Deutschlands, die mir eine zweite Heimat geworden ist.

Na, neugierig geworden?

Stefanie Stoltenberg

Inhaltsverzeichnis

WILLKOMMEN IN SIEGEN-WITTGENSTEIN 10

TOP TEN DER SEHENSWÜRDIGKEITEN
IN SIEGEN-WITTGENSTEIN 14

KURIOSES UND BESONDERHEITEN
AUS SIEGEN-WITTGENSTEIN 20

SIEGEN 26

1. Zwei auf einen Streich:
   Siegens Schlösser auf dem Siegberg 30
2. Goldenes Krönchen: Wahrzeichen auf der Nikolaikirche .. 34
3. Kunstpause:
   Museum für Gegenwartskunst – äußerst lebendig! 38
4. Stadtnah und mitten im Grünen:
   Historischer Tiergarten 42
5. Weite und leuchtendes Lila: Trupbacher Heide 46
6. Ausgrabungsstätte Gerhardsseifen und
   EisenZeitReiseWeg:
   Feuer und Eisen oder Hightech bei den Kelten 50
7. Belgier und Kelten: Stadtnah im Grünen wandern 54
8. Ein Juwel der Industriegeschichte:
   Reinhold Forster Erbstolln beeindruckt mehrfach 60

NÖRDLICHES SIEGERLAND –
HILCHENBACH UND KREUZTAL 64

9. Altes Schloss, neues Leben:
   Schloss Junkernhees in Kreuztal lädt ein 68

10. Kulturerbe im Wald:
Zu Besuch im Historischen Hauberg Fellinghausen 72
11. Weltbekanntes Wahrzeichen:
Der Kindelsbergturm in Kreuztal 76
12. Eine Sage wird wahr:
Bergbausiedlung und Stollen aus dem Mittelalter 80
13. Silber und andere Schätze:
Tief unter die Erde im Stahlbergmuseum Müsen 84
14. Wasser und Kalorienpfad:
Barrierefrei um die Breitenbachtalsperre 88
15. 1A unterwegs:
Natur und ganz viel Geschichte rund um die Ginsburg 92
16. Paradies für Pflanzenliebhaber: Kräuterey Lützel 96
17. Der „Weg der Sinne":
Entspannt wandern auf dem Rothaarsteig 98

MITTLERES SIEGERLAND –
FREUDENBERG UND NETPHEN 102
18. Süß, süßer, am besten:
Café Zuckerpuppen verzuckert Sonntage 106
19. Schmuckstücke in Schwarz-Weiß:
Der Alte Flecken in Freudenberg 108
20. „Wat is en Dampfmaschin?"
Die Antwort gibt es im Technikmuseum Freudenberg 112
21. Hier leuchten nicht nur Kinderaugen:
Südwestfälische Freilichtbühne Freudenberg 116
22. Obernautalsperre:
Versunkene Dörfer, blaue Weite und grüne Natur 120
23. Mitten im Wald:
Forsthaus Hohenroth begeistert mit Idylle 124
24. Dritter Ort, zweiter Stern – zweites Wohnzimmer Q:
Kultur- und Begegnungsort im Zentrum von Deuz 128
25. Holz, Feuer und ganz viel Rauch: Köhler in Walpersdorf 132
26. Im mystischen Reich der Quellen:
Wo Sieg, Lahn und Eder entspringen 136

27. Die größte in Südwestfalen:
Die Wasserburg in Hainchen ... 140
28. Schumachers Ferrari bestaunen:
The Loh Collection lädt ein ... 144

SÜDLICHES SIEGERLAND – BURBACH, NEUNKIRCHEN UND WILNSDORF ... 146
29. Beste Aussicht von oben:
Auf der Plattform des Pfannenbergturms ... 150
30. Strahlend und preisgekrönt:
Zur Ruhe kommen in der Autobahnkirche ... 154
31. Auge in Auge mit dem Mammut:
Eine Zeitreise im Museum Wilnsdorf ... 156
32. Die Wunder der Natur:
Der Birkenhof bietet Lebensfreude ... 160
33. Die Nase im Wind:
Weit schweifen die Blicke an der Tiefenrother Höhe ... 164
34. Auszeit im Wald:
Entspannen in waldreichster Region Deutschlands ... 168
35. Tanz auf dem Vulkan:
Trödelsteine entführen in die Erdgeschichte ... 172
36. Burbachs Herz: Alter Vogtei neues Leben eingehaucht ... 178
37. Gemecker und lachende Gesichter:
Ziegenwanderungen sind toller Ausgleich zum Alltag ... 182

WITTGENSTEINER LAND I – BAD BERLEBURG ... 186
38. Kunst am Wegesrand:
WaldSkulpturenWeg bringt Kunst in den Wald ... 190
39. Der König der Wälder:
Besuch in der Wisent-Wildnis ... 194
40. Wo der Froschkönig quakt:
Märchenspur im Schlosspark Berleburg ... 198
41. Wo der Wisent wartet: Naturpark-Infozentrum,
und Wisent-Ausstellung ... 202

42. Schwarzgraue Schönheiten: Schieferschaubergwerk entführt in die Vergangenheit 206
43. Der Dorfmittelpunkt: Zentrum Via Adrina für alle 210

WITTGENSTEINER LAND II – BAD LAASPHE UND ERNDTEBRÜCK 216
44. Flauschig schön und eigensinnig: Unterwegs mit den Alpakas der Ranch Dörnbach 220
45. Zarte Blüten in Rosa, Weiß und Purpur: Der Rosengarten in Erndtebrück 224
46. Tief unter der Erde: Der Bunker Erich in Erndtebrück lädt zur Zeitreise 228
47. Wo sich Wasser und Wald begegnen: Der Weidelbacher Weiher, Kraftort mitten im Grünen 232
48. Heiliges Wasser mitten im Wald: Die Ilsequelle verzaubert mit Heilwasser und mystischer Umgebung 236
49. Kleine Gesellen in allen Formen: Das Pilzmuseum in Bad Laasphe 240
50. Reise in das All: Unterwegs auf dem Planetenlehrpfad und dem Entenberg 244

DAS KLEINE WÖRTERBUCH 248

REGISTER 252

BILDNACHWEIS 256

Hinweis: Aus Gründen der besseren Lesbarkeit wird auf eine geschlechtsneutrale Differenzierung verzichtet. Entsprechende Begriffe gelten im Sinne der Gleichbehandlung grundsätzlich für alle Geschlechter. Die verkürzte Sprachform beinhaltet keine Wertung.

Willkommen

IN SIEGEN-WITTGENSTEIN

Gemorje! Gon Dach! Schuur! Mit diesen traditionellen Grußformeln in der Mundart begrüßen sich die Menschen in Siegerland und Wittgenstein bis heute. Die Region hat sich ihren ursprünglichen, etwas knorrigen Charme bewahrt. Traditionen werden gelebt und ein Handschlag bedeutet noch etwas. Es ist nicht leicht, einen Siegerländer oder Wittgensteiner für sich zu gewinnen – wer es aber schafft, gewinnt einen Freund fürs Leben. Die Bodenständigkeit der Menschen und die herrliche Mittelgebirgslandschaft lassen schnell Heimatgefühl aufkommen.

Die kargen Böden in der eher kühlen Gegend mit viel Regen waren lange für die Menschen uninteressant, mit den ersten Funden von Eisenerzen und der Kenntnis darüber, wie man diese Schätze für sich nutzen konnte, änderte sich das rapide. Die Kelten besiedelten die Region rund 1000 Jahre v. Chr. und an manchen Orten sieht man die Überreste ihrer Kultur und Arbeit bis heute. Überhaupt haben das Erz und der Bergbau die Region geprägt und tun es weiterhin. Eisen- oder stahlverarbeitende Industrie ist oft immer noch wichtig in Siegen-Wittgenstein, eine der ältesten Industrieregionen Europas.

Gleichzeitig ist die Natur vielerorts noch ursprünglich, malerisch und verträumt schön. Fast die komplette Fläche des Kreises Siegen-Wittgenstein gehört zum Naturpark Sauerland Rothaargebirge. Insgesamt 3827 Quadratkilometer groß, verbindet der größte Naturpark Nordrhein-Westfalens märchenhafte Naturschutzgebiete mit Kultur- und Industriedenkmälern. Gleich zwei Naturpark-Infozentren befinden sich hier, in Bad Berleburg und in Burbach.

Natürlich sind auch in Siegen-Wittgenstein die Folgen von Trockenheit, Klimawandel und Borkenkäferbefall zu sehen. Manche Flächen erschrecken mit ihrem kahlen Anblick, der nur noch aus Baumstümpfen und haushohen Holzstapeln besteht. Gerade für die Waldbauern ist es auch ein persönlicher Verlust, der schwer oder gar nicht aufzuwiegen ist. Zugleich zeigt die Natur aber auch, dass sie in der Lage ist, sich schnell zu regenerieren und eine neue Landschaft zu erschaffen. Während die Fichten immer weiter verschwinden, siedeln sich andere Pflanzen und Baumarten an – ein wahres Wunder, wie sich die Natur selbst erneuert. Und manchmal auch einfach zauberhaft, wenn neue, faszinierende Ausblicke in die Weite der Landschaft, über Hügel, Berge und Täler entstehen, wenn auf den gerade noch kahlen Flächen im Sommer der Fingerhut in effektvollen Lilatönen geradezu explodiert.

Ausblick von der Tiefenrother Höhe

Bei uns in Siegen-Wittgenstein findet sich quasi um jede Ecke Natur. Man könnte auch sagen, direkt hinter der Haustür beginnt der Wald, der Erholung, Entspannung und Grün für die Seele bietet. Selbst in der Groß- und Universitätsstadt Siegen mit ihren mehr als 100.000 Einwohnern ist der nächste Baum nie weit. Nur wenige Meter Luftlinie vom Zentrum entfernt locken Stadtwald, Historischer Tiergarten und andere Grün- und Waldflächen.

Siegen ist das Oberzentrum der Region, viele pendeln in die Stadt zur Arbeit, Schule oder Universität, auch aus Hessen oder Rheinland-Pfalz. Wahrzeichen der 800 Jahre alten Stadt ist das Krönchen, das die Nikolaikirche in der Oberstadt ziert. Eine kleine Altstadt findet sich leicht versteckt am Siegberg, auf dessen Spitze das Obere Schloss thront. Das Untere Schloss ist genauso impo-

Ausblick vom Kindelsbergturm

sant und beherbergt jetzt Teile der Universität Siegen. Die Vergangenheit als Sitz der Fürsten von Nassau-Siegen und der Oranier ist bis heute sichtbar. Auch in Hilchenbach mit der Ruine der einst mächtigen Ginsburg. Hier sammelte Wilhelm I von Oranien-Nassau seine Truppen, um die Niederlande von der spanischen Herrschaft zu befreien – der Beginn des Achtzigjährigen Kriegs.

Ein charmanter Gegenpart zur Großstadt Siegen ist die schmucke Kurstadt Bad Berleburg mit knapp 20.000 Einwohnern, am Rothaarkamm und der Grenze zum Nachbarn Sauerland gelegen. Mit den 23 Ortschaften rundum wird Bad Berleburg auch „Stadt der Dörfer" genannt. Bis 1974 war Bad Berleburg die Kreisstadt des Kreises Wittgenstein. Zum Wittgensteiner Land gehören neben Bad Berleburg auch die Lahnstadt Bad Laasphe und die Gemeinde Erndtebrück. Nach der Zusammenlegung der Kreise Siegen und Wittgenstein gab es lange nur das „SI"-Kennzeichen, seit 2012 auch wieder das Autokennzeichen „BLB“ für Berleburg, mit dem viele Wittgensteiner Heimatverbundenheit und Stolz zeigen.

Auch Bad Berleburg und Bad Laasphe werden von ihren Schlössern geprägt. Bad Berleburg ist eine 750 Jahre alte Residenzstadt, das Schloss der Fürsten zu Sayn-Wittgenstein-Berleburg mit den bezaubernden Parkanlagen ist Mittelpunkt der Altstadt. Heute noch wohnt hier die fürstliche Familie, die enge familiäre Verbindungen zum dänischen Königshaus hat. Das frühere Residenzschloss der Grafen von Wittgenstein thront über den Dächern von Bad Laasphe – inzwischen Internat mit Realschule und Gymnasium; auch verschiedene Veranstaltungen finden hier statt.

Auch die Zugehörigkeit zu unterschiedlichen Herrschaftsgebieten trennte Siegerland und Wittgenstein lange. Noch heute zeigt zum Beispiel der Dreiherrenstein zwischen Erndtebrück und Hilchenbach an, wo sich die Ländereien des kurkölnischen Herzogtums Westfalen, der Grafschaft Nassau-Oranien und der Wittgenstein-Hohensteiner Fürsten trafen. Längst spielt das keine Rolle mehr, Siegerland und Wittgenstein sind eine Einheit geworden, auch wenn natürlich die verschiedenen Traditionen noch gepflegt werden.

Gleichzeitig haben alle Städte, Gemeinden und Dörfer in Siegerland und Wittgenstein vieles gemeinsam: Die Liebe zur Heimat, schieferverzierte Häuser – oft mit kunstvoll gestaltetem Fachwerk –, kleine, malerische Dörfer, in denen immer noch Mundart, Brauchtum und Handwerk gepflegt und bewahrt werden. Ein weiteres Bindeglied ist der Rothaarsteig, der die Region vom Start im sauerländischen Brilon aus, durch Wittgensteiner Land und Siegerland bis ins hessische Haiger miteinander verbindet – Abstecher nach Rheinland-Pfalz inklusive. Die Stille des Waldes, das Rauschen der Wipfel, die raue Rinde der Bäume, weiches Moos und langes Gras unter den Wanderstiefeln, zahllose Quellen – die Natur ist der größte Schatz der Region, die sich als waldreichste in ganz Deutschland bezeichnet. Kraftquelle, Wanderparadies, Wasser- und Holzspeicher, Abenteuerspielplatz – Heimat.

Top 10

DER SEHENSWÜRDIGKEITEN IN SIEGEN-WITTGENSTEIN

1 **Der Wald:** Siegen-Wittgenstein ist die waldreichste Region Deutschlands. Der Wald und die Natur haben die Menschen geprägt, die Waldbewirtschaftung ist immer noch wichtig – auch wenn natürlich auch hier die trockenen Sommer und der Befall durch die Borkenkäfer ihren Tribut fordern. Die Siegerländer und Wittgensteiner lieben ihren Wald. Weite Teile von Siegen-Wittgenstein liegen im Naturpark Sauerland Rothaargebirge, der größte in Nordrhein-Westfalen. Nachhaltigkeit war schon vor vielen Generationen ein wichtiges Thema. Bereits im 18. Jahrhundert entstand die erste Haubergsordnung im Siegerland. Der Hauberg ist eine traditionelle Art der Waldbewirtschaftung: Jedes Jahr werden nur auf einem Teil der Fläche Bäume gefällt, danach darf der Wald in diesem Bereich jahrzehntelang wieder ungestört nachwachsen. Übrigens ist die Haubergswirtschaft im Siegerland und den benachbarten Regionen seit 2018 in das bundesweite Verzeichnis „Immaterielles Kulturerbe" eingetragen.

naturpark-sauerland-rothaargebirge.de

2 **Die vielen Hofläden:** Unterwegs in Siegen-Wittgenstein fällt auf, dass fast in jedem Dorf und Ortsteil mindestens ein Hofladen geöffnet hat. Besucher sind immer willkommen: In den meisten Läden, die nur aus einem Raum bestehen oder einem Schrank oder Regal an der Straße, ist Selbstbedienung auf Vertrauensbasis angesagt. Vorwiegend kann man mit Karte oder PayPal zahlen und die leckeren Hoferzeugnisse als essbares Andenken direkt und unverpackt mit nach Hause nehmen – oft sogar in Bioqualität.

3 **Die Wisente:** Sie werden „Könige der Wälder" genannt und waren in Europa fast ausgestorben. Die mächtigen Tiere sind heute in der „Wisent-Wildnis am Rothaarsteig" in Bad Berleburg zu bestaunen. Dort leben die streng geschützten Tiere auf einem naturbelassenen Areal. Besucher können auf einem Rundgang die majestätischen Wildrinder aus nächster Nähe erleben. Eine weitere, freilebende Herde bewohnte die Wälder am Rothaarkamm. Leider gab es immer wieder Streit, weil die Tiere Bäume schälten, die sich in Privateigentum befinden, und damit hohe finanzielle Schäden verursachten. Noch ist unklar, wie es weitergehen wird. Die „Wildnis" ist aber weiterhin geöffnet.
wisenthuette.de/über-uns-1/wisent-wildnis-am-rothaarsteig

4 **Der Rothaarsteig:** Der Rothaarsteig ist etwa 155 Kilometer lang und führt von Brilon im Sauerland über Wittgenstein und Siegerland bis ins hessische Dillenburg. Ein liegendes weißes R auf dunkelrotem Grund markiert den als „Weg der Sinne" bekannten Fernwanderweg. Jährlich kommen unzählige Wanderer in die Region, um auf dem schönsten Höhenweg Europas – wie viele sagen – unterwegs zu sein. Der Rothaarsteig gehört zu den Top Trails of Germany, zu dieser Kooperation gehören vierzehn Fernwanderwege in Deutschland, die maximalen Wandergenuss bieten! *rothaarsteig.de*

5 **Die Bergbaugeschichte und der Hauberg:** Egal, wo man sich im Siegerland oder in Wittgenstein aufhält, überall sind die Spuren des Bergbaus in der Region zu finden. Zahlreiche Gruben, Mundlöcher (Stolleneingänge) oder Abraumhalden zeugen von einer langen Geschichte. Abgebaut wurden unter anderem Eisenerz, Silber und Schiefer. An vielen Orten wird die Historie in Besucherbergwerken auch unter Tage lebendig. Hier kann man regelrecht eintauchen in die Welt des Bergbaus und der frühen Industrie. Zu dieser Geschichte gehört auch die

Tradition der Haubergswirtschaft, in ihrer ursprünglichen Version immer noch im Historischen Hauberg in Fellinghausen zu erfahren – dort wird wie seit Jahrhunderten üblich nachhaltige Holzwirtschaft betrieben. Dies war nötig, um immer genug Holz für die Herstellung von Kohle und die Verhüttung des Eisenerzes zu haben und dabei den Wald nicht komplett nicht zu vernichten.
fhhf.de

6 **Das Museum für Gegenwartskunst und Rubens:** Gleich zwei große Museen begeistern in Siegen Kunstliebhaber. Modern oder traditionell, das ist hier die Frage. Je nach Geschmack geht es dann nahe dem Unteren Schloss ins Museum für Gegenwartskunst oder ins Siegerlandmuseum im Oberen Schloss. Dort werden unter anderem Gemälde des weltberühmten Barockmalers Peter Paul Rubens gezeigt, der in Siegen geboren wurde. Weit über die Grenzen Deutschlands bekannt ist das Museum für Gegenwartskunst, weil hier nicht nur Werke der europäischen Avantgarde, sondern auch die Sammlung Lambrecht-Schadeberg gezeigt wird. Diese umfasst mehrere Werke aller 14 Künstlerinnen und Künstler, die seit 1957 den Rubenspreis der Stadt Siegen erhielten.
mgksiegen.de und *siegerlandmuseum.de*

7 **KulturPur:** Ein Kulturfestival mitten im Nirgendwo, in der Heidelandschaft auf dem Giller bei Hilchenbach. Mit dabei Stars und Sternchen, Sterne am Nachthimmel und jede Menge Fans, die jedes Jahr an Pfingsten hierher pilgern. KulturPur ist ein internationales Kultur- und Theaterfestival in den charakteristischen weißen Zelten, die extra dafür aufgebaut werden – eines der größten Zeltfestivals in ganz Europa. Gleichzeitig mit einem umfangreichen Umsonst- und Draußenprogramm, das nicht nur Familien begeistert. Seit 1991 jährlich veranstaltet – in den Corona-Jahren 2020 und 2021 leider nicht –, zieht das Fest in der Natur zehntausende Besucher an, die von Donnerstagabend bis Pfingstmontag feiern und die Kultur genießen. *kulturpur-festival.de*

8 **Die Burgen und Schlösser:** Denkt man an Burgen und Schlösser, ist Siegen-Wittgenstein sicherlich nicht die erste Region, die man im Kopf hat. Dabei ist hier nicht nur die Natur märchenhaft schön, es warten auch zahlreiche Schlösser und Burgen auf Besucher. In Siegen grüßen das Obere und das Untere Schloss vom Siegberg, in Hilchenbach reckt die sagenumwobene Ginsburg ihren Turm in die Lüfte. Hainchen ist geprägt von der Wasserburg, Bad Berleburg von Schloss Berleburg und in Bad Laasphe thront Schloss Wittgenstein über der Lahnstadt. Das kleinste Schloss zeigt sich in voller Pracht im gleichnamigen Kreuztaler Stadtteil Junkernhees.

9 **Der Alte Flecken:** Eine absolut sehenswerte Fachwerkidylle zeigt der Alte Flecken in Freudenberg. Dieser historische Stadtkern ist weltberühmt, hier reihen sich 80 Schönheiten in Schwarz-Weiß aneinander. Touristen aus aller Welt kommen nach Freudenberg, um diese ganz besondere Altstadt mit ihrem wunderbaren Fachwerkhausensemble zu bestaunen – pittoresk wie auf einer Postkarte.

10 **Die Krombacher Brauerei:** Weltbekannt und doch ganz bodenständig: Die Krombacher Brauerei hat bis heute ihren Sitz im nördlichen Siegerland, in Kreuztal-Krombach. Dort wird das weltberühmte Pils gebraut. Selbstverständlich bietet die Brauerei auch Führungen an, hier kann man sehen, wie ein echtes Krombacher entsteht. Der Abschluss in der Braustube ist süffig und lecker. Im Shop gibt es nicht nur Bier, sondern auch Mitbringsel aller Art wie Kleidung, Liegestühle, Jutebeutel oder Feuertonnen. *erlebniswelt.krombacher.de*

Kurioses und Besonderheiten

AUS SIEGEN-WITTGENSTEIN

✓ **Buzz-Aldrin-Platz in Trupbach** – Neil Armstrong war der erste Mensch auf dem Mond, das weiß jeder. Aber wer war der zweite? Ja, das war Buzz Aldrin, der 1961 ebenfalls im Rahmen der Apollo-11-Mission im All war. Buzz Aldrin ist damit einer von nur zwölf Raumfahrern, die den Mond betreten haben. Die familiären Wurzeln des US-Raumfahrers liegen im Siegerland, genauer gesagt im Siegener Stadtteil Trupbach. Vor rund 300 Jahren sind Buzz Aldrins Vorfahren zusammen mit vielen anderen Trupbachern nach Amerika ausgewandert. Seit 2022 erinnert der „Buzz-Aldrin-Platz" mit Stelen und Gedenktafeln an die ausgewanderten Familien, die in der neuen Heimat wegen ihrer Kenntnisse im Bergbau und als Eisenhüttenspezialisten sehr gefragt waren. Bis heute dauert die Freundschaft zwischen der 1714 in Nordvirginia entstandenen Germanna Foundation und der Stadt Siegen bzw. dem Siegerland an.

✓ **Alexander Mack und die Schwarzenau Brethren** – Viele Amerikaner haben auch Wittgensteiner Wurzeln. Die Vereinigten Staaten waren damals Ziel für alle, die in ihrer Heimat keine Zukunft hatten – egal, ob sie keine Arbeit oder nicht genug Nahrung hatten oder aus Glaubensgründen. Zwischen 1719 und 1735 wanderten aus Schwarzenau, heute ein Stadtteil von Bad Berleburg, und vielen anderen Orten in Deutschland Glaubensflüchtlinge nach Pennsylvania aus. Von Pennsylvania aus verbreitete sich die Bewegung der Schwarzenau Brethren – heute bestehen mehrere Brethren Churches im nordamerikanischen Raum.

Zuvor hatten sich die Glaubensflüchtlinge im 17. und 18. Jahrhundert in Schwarzenau angesiedelt, da der Landesherr Graf Hen-

rich Albrecht sie hier duldete und selbst pietistischen Glaubens war. Alexander Mack gründete 1708 eine neue religiöse Bewegung, die heute als „Kirche der Brüder", im Englischen Church oft the Brethren, weltweit bekannt und verbreitet ist – eine der ältesten Freikirchen. Die ersten Mitglieder dieser Kirche wurden in Schwarzenau im Fluss Eder erneut getauft, daher wurden sie auch Wiedertäufer oder Schwarzenauer Tunker genannt. Eine Ausstellung im Alexander-Mack-Museum in Schwarzenau zeigt die Geschichte des Pietismus in Wittgenstein.
heimatverein-schwarzenau.de

✓ **Sejerlaenner Riewekooche –** Klingt sperrig und ungewohnt, ist aber superlecker und auf jeden Fall einen Versuch wert! Gemeint ist der Siegerländer Reibekuchen. Die Siegerländer Spezialität ist ein Kartoffelbrot, das man sich nicht entgehen lassen sollte. Wichtig ist die gesalzene Butter, die aufs Brot muss, damit der Genuss perfekt ist. Mahlzeit!
visitsiegen.de/magasin/details/mahlzeit-sejerlaenner-riewekooche

✓ **Fürstengruft und Gruftenweg –** Einen etwas morbiden Charme hat die Fürstengruft, die sich bis heute im Unteren Schloss befindet. „Der Brasilianer", so wurde Fürst Johann Moritz, einer der schillerndsten Oranier, genannt, fand hier seine letzte Ruhestätte. Er selbst hat die ersten Entwürfe für den Bau der Gruft geschaffen und ruht nun zusammen mit einigen Familienangehörigen hier mitten in Siegen. Johann Moritz liebte die Künste, den Gartenbau und die Architektur. Weltbekannt sind das Mauritshuis in Den Haag und Moritzstadt in Brasilien – beides ließ er erbauen. Seiner Stadt Siegen schenkte er das Krönchen, bis heute das Wahrzeichen der Stadt, das oben auf der Nikolaikirche thront. Von ihm stammen aber auch die silberne Taufschale und das Abendmahlsgeschirr – zwei vergoldete Becher werden immer noch benutzt. Neben der Fürstengruft ließ er auch den Herrengarten und den Historischen Tiergarten anlegen.

Johann Moritz wurde 1604 in Dillenburg als 13. Kind von Johann VII Graf von Nassau-Siegen und Herzogin Margarethe von Holstein-Sonderburg geboren. Im niederländischen Heer begann er als unbedeutender Fähnrich und machte schnell Karriere. 1636 wurde er Gouverneur der niederländischen Kolonie in Brasilien, 1652 wurde er als Erster seines Hauses in den Reichsfürstenstand erhoben, 1665 ernannte man ihn zum Oberbefehlshaber des Heeres der Vereinigten Niederlande.

Noch mehr Geschichte aus dem Blickwinkel der Vergänglichkeit gibt es auf dem unter Denkmalschutz stehenden Gruftenweg auf dem Lindenberg-Friedhof zu entdecken. Eine Führung macht dieses ungewöhnliche Zeitzeugnis anschaulich, zeigt die Erinnerungskultur der Kaiserzeit, in der Siegen eine aufstrebende Industriestadt war. *visitsiegen.de*

✓ **Kirche mit Krönchen** – Weithin sichtbar zeigt sich das Wahrzeichen von Siegen, das Krönchen auf der Nikolaikirche. Kirchen mit Turm gibt es viele, aber Kirchen mit Krone nicht. Das Krönchen ist nicht nur Wahrzeichen der Stadt, sondern auch eine Erinnerung an Fürst Johann Moritz von Nassau-Siegen, der seiner Stadt Siegen diese Krone schenkte, als er 1652 in den Fürstenstand erhoben wurde. Und es ist eine gewaltige Krone mit einem Durchmesser von 2,38 Metern und einer Höhe von 1,90 Metern! Das Original befindet sich heute in der Nikolaikirche, da es bereits Schä-

den durch die Witterung genommen hatte. Eine Nachbildung aus vergoldetem Edelstahl grüßt seit 1993 Gäste von nah und fern vom Siegberg aus.

Henner und Frieder – Der Volksmund nennt sie liebevoll Henner und Frieder, gemeint sind die überlebensgroßen Standbilder von Hüttenmann und Bergmann. Die beiden Statuen stehen am Brückenkopf der Oberstadtbrücke, die Siegens Oberstadt und Unterstadt miteinander verbindet. Henner und Frieder symbolisieren die Siegerländer Arbeitswelt und erinnern an die lange Tradition als Erzbergbauregion. Die Bronzefiguren wurden anlässlich einer Industrieausstellung 1902 vom Siegener Künstler Prof. Friedrich Reusch geschaffen.

Beatles Museum – Mit dem kleinsten Beatles-Museum der Welt sicherte sich Harold Krämer im Jahr 2000 einen Eintrag ins Guinness-Buch der Rekorde. Und dieses ganz besondere Museum ist nicht in London oder Liverpool zu finden, sondern in Siegen – genauer gesagt im Stadtteil Geisweid. Schon mit 15 Jahren war Harold Krämer leidenschaftlicher Beatles-Fan und begann zu sammeln. Auf 27 Quadratmeter Fläche zeigt er auf Anfrage in zwei Wohnräumen seine ganz eigene Beatles-Welt mit Filmplakaten, Postern, Autogrammen von John, Paul, George und Ringo und mehr. Er hat allein 17.000 Tonträger zusammengetragen. Das Museum ist nach Absprache geöffnet, ein virtueller Rundgang ist aber immer möglich.
the-beatles.de

SCHWEDEN
DÄNEMARK
Ostsee
Nordsee
Kiel
SCHLESWIG-
HOLSTEIN
MECKLENBURG-
VORPOMMERN
HAMBURG
Schwerin
BREMEN
BRANDENBURG
POLEN
NIEDERSACHSEN
BERLIN
Hannover
Potsdam
Magdeburg
NORDRHEIN-
WESTFALEN
SACHSEN-
ANHALT
Düsseldorf
SACHSEN
Dresden
Erfurt
THÜRINGEN
HESSEN
RHEINLAND-
PFALZ
Wiesbaden
Mainz
TSCHECHIEN
SAARLAND
BAYERN
Stuttgart
FRANKREICH
BADEN-
WÜRTTEMBERG
München
ÖSTERREICH
SCHWEIZ

Wenholthausen
Willingen (Upland)
Eslohe (Sauerland)
Siedlinghausen
Werdohl
NORDRHEIN-WESTFALEN
Mailar
Plettenberg
Winterberg
Finnentrop
Schmallenberg
Nuhne
Attendorn
Lennestadt
Hundem
Biggesee
Welschen Ennest
Bad Berleburg
Allendorf (Eder)
Olpe
Olpe
Hilchenbach
Erndtebrück
4
Wenden
Kreuztal
Bad Laasphe
Lahn
Netphen
Banfe
Biedenkopf
Freudenberg
Sieg
Breidenbach
Hainchen
Dautphe
Siegen
45
Wilnsdorf
Steffenberg
Eschenburg
Wissen
Betzdorf
Heller
Herdorf
Dietzhölze
Gladenbach
HESSEN
Burbach
Haiger
Dillenburg
Lohra
Mittenaar
Breitscheid
Aar
RHEINLAND-PFALZ
Herborn
Hohenahr
Hachenburg
Bad Marienberg
Driedorf
Biebertal
Höhn
Rennerod
Ehringshausen
Herschbach
Aßlar
Gießen
Westerburg
Mengerskirchen
Wetzlar
0
20 km
Solms
Linden
Merenberg

Der Ausblick vom Park des Oberen Schlosses auf den Stadtteil Weidenau

Siegen

1. Zwei auf einen Streich: Siegens Schlösser auf dem Siegberg
2. Goldenes Krönchen: Wahrzeichen auf der Nikolaikirche
3. Kunstpause: Museum für Gegenwartskunst – äußerst lebendig!
4. Stadtnah und mitten im Grünen: Historischer Tiergarten
5. Weite und leuchtendes Lila: Trupbacher Heide
6. Ausgrabungsstätte Gerhardsseifen und EisenZeitReiseWeg: Feuer und Eisen oder Hightech bei den Kelten
7. Belgier und Kelten: Stadtnah im Grünen wandern
8. Ein Juwel der Industriegeschichte: Reinhold Forster Erbstolln beeindruckt mehrfach

Oberhees
Buchen
Obersetzen
Oberholzklau
Niedersetzen
Langenholdinghausen
Dreis-Tiefenbach
erholzklau
enberg
NORDRHEIN-
WESTFALEN
Alchen
Trupbach
Sieg
Silberfuchs
Seelbach
berg
Siegen
Oberschelden
Achenbach
Eremitage
Oberes
Schloß
Unteres
Schloß
Eiserfeld
Obersdorf
Rinsdorf
Siedlung
Kaiserschacht
Brachbach
0
3 km
54
62
45
1
2
3
4
5
6
7
8

1 Zwei auf einen Streich

SIEGENS SCHLÖSSER AUF DEM SIEGBERG

Zwei Schlösser und die stehen noch nicht einmal eine Viertelstunde zu Fuß voneinander entfernt. Dazwischen eine Kirche mit einer riesigen goldenen Krone. In der Oberstadt von Siegen ist für jeden, der alte Gemäuer mag, ein kleines Paradies zu finden. Die Altstadt ist klein, aber urig und wunderschön – auf jeden Fall einen Spaziergang wert.

Siegen ist eine Stadt mit langer Tradition, wie man überall sieht – besonders in der Oberstadt, die sich den 307 Meter hohen Siegberg entlang nach oben zieht. Man sagt, Siegen hätte die steilste Einkaufsstraße Deutschlands. Wer einmal selbst vom Bahnhof aus bis zum Oberen Schloss gelaufen ist, kann das bestätigen. Wem das zu steil ist, der kann sich vom charmant-altmodischen rot-gelben Hübbelbummler hinauffahren lassen. Der nostalgische Doppeldeckerbus ist ein echter Hingucker. Schnell sein lohnt sich, denn besonders die Sitzplätze auf dem oberen Deck sind sehr beliebt und rasch besetzt.

Oberes Schloss

Oben angekommen, zeigt sich das Obere Schloss in seiner ganzen Schönheit. Durch ein beeindruckendes Tor geht es vom Parkplatz aus – dort hält auch der Hübbelbummler – in den Innenhof des Schlosses und zum Park. Diese Gartenanlage ist immer sehenswert, in der warmen Jahreszeit mit den bunten Blumenrabatten, den blühenden Bäumen und Büschen natürlich umso mehr. Übrigens darf man hier auf den Rasenflächen liegen und die Wolken am Himmel beobachten, lesen oder dösen. Im Sommer wird es manchmal schwierig, noch ein Plätzchen zu ergattern. Toll ist die Aussicht von der Plattform Großer Krebs: Der Blick schweift von hier über den Giersberg, nach Weidenau und Geisweid bis nach Kreuztal, aber auch Richtung Achenbach und zur Panzerwiese.

Ganz neu sind die smarten Bänke im Schlosspark, die nicht nur zum Ausruhen, sondern auch zum Aufladen einladen. Beim Abenteuerspielplatz wurden zwei Sitzgelegenheiten mit Solarmodulen ausgestattet. Über diese Fotovoltaik-Anlagen wird die Energie der Sonnenstrahlen eingefangen und in Akkus in der Bank gespeichert. Wer hier Platz nimmt, kann sein Smartphone aufladen – kontaktlos oder über ein Kabel.

Und nicht vergessen, den kleinen Rubensbrunnen zu suchen, der ein bisschen versteckt im Park steht! Tipp: beim Wehrturm an der östlichen Schlossmauer schauen. Schon 1935 wurde er vom Siegerländer Künstler Hermann Kuhmichel geschaffen. Zu sehen sind drei Frauen aus Sandstein, die ein Kind halten – sie stehen für Antwerpen, Köln und Siegen, denn diese drei Städte stritten lange darum, wo der flämische Barockmaler Peter Paul Rubens denn nun wirklich geboren wurde.

Rubensbrunnen

Das Obere Schloss selbst beherbergt das Siegerlandmuseum mit Originalen von Peter Paul Rubens. Der berühmte Barockmaler wurde am 28. Juni 1577 in Siegen geboren – in der Altstadt, nur wenige Meter vom Schloss entfernt. Seinem Vater wurde vorgeworfen, eine Liaison mit Anna von Sachsen gehabt zu haben, daher wohnte die Familie quasi im Exil in Siegen – erst später gingen sie wieder nach Köln und Antwerpen zurück. Rubens Werke in den altehrwürdigen Mauern des Schlosses zu besichtigen, ist etwas ganz Besonderes – die Gemälde sind wie gemacht für die großen Räume mit den knarrenden Parkettholzböden. Übrigens kann man hier auch heiraten! Oder abtauchen in die Stille unter Tage. Direkt unter dem Museum ist ein Schaubergwerk eingerichtet, das rund 14 Meter tief unter dem Schlosshof liegt und auf 100 Meter Länge eindrucksvoll zeigt, wie früher in den Bergwerken gearbeitet wurde.

Geprägt wurde das Stadtbild von Siegen durch die nassauischen Landesherren. Sie bauten nicht nur das Obere Schloss – hier

Unteres Schloss

stand wohl bereits um 1200 eine Burg –, sondern auch das Untere Schloss mit seinem Dicken Turm. Das Untere Schloss hat eine wirklich abwechslungsreiche Geschichte. In seinen Mauern war erst ein Kloster untergebracht, dann war das Schloss Residenz des Hauses Nassau-Siegen und viel später Gefängnis. Inzwischen ist ein Campus der Universität Siegen eingezogen und auch die Fürstengruft findet sich immer noch hier. Johann Moritz, Fürst von Nassau-Siegen, schuf die ersten Entwürfe für den Bau der Gruft selbst, heute ruht er dort zusammen mit einigen Familienangehörigen.

Info

Lage: Siegen liegt direkt an der Autobahn A45, rund 80 Kilometer östlich von Köln.

Adresse: 57072 Siegen

Aktivitäten:

- Oberes Schloss, Siegerlandmuseum: Oberes Schloss 2, 57072 Siegen, *siegerlandmuseum.de*
- Museum für Gegenwartskunst: Unteres Schloss 1, 57072 Siegen, *mgksiegen.de*

Einkehren:

- Kaffeerösterei Pagnia, Markt 35, 57072 Siegen, *kaffeeroesterei-pagnia.de*
- Restaurant Duffel: Marburger Tor 19, 57072 Siegen, *duffel-siegen.de*

Website: *visitsiegen.de*

2 Goldenes Krönchen

WAHRZEICHEN AUF DER NIKOLAIKIRCHE

Zwischen den beiden Schlössern präsentiert sich auf dem Siegberg die Nikolaikirche in schmuckem Weiß-Rot und mit ihrem goldenen Krönchen. Das Krönchen ist Wahrzeichen Siegens, einst ein Geschenk von Fürst Johann Moritz von Nassau-Siegen an seine Stadt, als er 1652 in den Fürstenstand erhoben wurde.

Heute ist Siegen nicht nur Universitätsstadt, sondern auch eine der grünsten Großstädte Deutschlands und Zentrum der Region. Siegen bietet zwei Schlösser, eine malerische, historische Altstadt, Studentenleben und eine belebte Innenstadt mit einem ganz neu gestalteten Aufenthaltsbereich direkt am Ufer der Sieg – mitten im unteren Teil der Stadt. Und überall um die Stadt herum warten Wälder, Wanderwege, pittoreske Dörfer und Natur pur darauf, entdeckt zu werden. Wer in Siegen wohnt, hat die Natur unmittelbar vor der Haustür. Übrigens führt auch der bekannte Rothaarsteig nahe der Großstadt vorbei.

Krönchen

Der steile Siegberg führt von der Unterstadt hinauf in die Oberstadt, vorbei an zahlreichen Geschäften und dem Unteren Schloss mit seinem Dicken Turm und der Fürstengruft. Etwa auf der Mitte des Berges erhebt sich stolz die Nikolaikirche mit ihrem einprägsamen Turm von 53 Meter Höhe in Weiß mit ochsenblutroten Ecken und Verzierungen. Allein das ist schon schön anzusehen, das Krönchen aber adelt den Turm – zusammen prägen sie die Silhouette und das Stadtbild von Siegen. Das Krönchen ist 1,90 Meter hoch und hat einen Durchmesser von gewaltigen 2,38 Meter. Eigentlich kein Krönchen, sondern eine stattliche Krone. Das Original, das der Fürst spendiert hat, befindet sich heute in der Kirche, um nicht weiterhin Wind und Wetter ausgesetzt zu sein. Dort ist es im Portalbereich aufgehängt und aus nächster Nähe zu bestaunen. Seit 1658 hatte das Meisterwerk der Schmiedekunst den Turm geschmückt, wurde aber 1993 durch eine Nachbildung aus vergoldetem Edelstahl ersetzt.

Besonders ist die Nikolaikirche auch, weil sie sechs Glocken in ihrem Turm hat, von denen fünf noch aus dem Mittelalter stammen! Auch der Grundriss des Kirchenschiffs ist auffallend und nördlich der Alpen einzigartig. Man nimmt an, dass die sechseckige Grundform, das sogenannte romanische Hallenhexagon, gebaut wurde, weil das Grundstück an einem steilen Hang liegt. Ungewöhnlich ist zudem der Kirchenschatz, denn Fürst Johann Moritz schenkte der Kirche 1658 eine wertvolle Taufschale und „Geschirr" für das Abendmahl – beides aus Silber. Die beiden vergoldeten Becher werden immer noch beim Abendmahl verwendet. Die Taufschale besteht aus rund fünf Kilogramm Silber und wurde im Hochland von Peru gefertigt – ursprünglich als Handwaschschüssel. Die kunstvoll verzierte Silberschale ist sehr bekannt und wurde zum Beispiel 2004 in New York im Metropolitan Museum of Art ausgestellt.

Direkt neben der Kirche befindet sich das Rathaus, einige Schritte weiter geht es in die Altstadt. Leider ist davon nach dem Zweiten Weltkrieg nicht viel übrig, aber das kleine Viertel mit den gemütlichen Fachwerkhäuschen erstrahlt in neuem Glanz und es macht Spaß, durch die Gassen zu schlendern. Liebevoll angelegte Vorgärtchen mit Bank und Katze, verschnörkelte Inschriften und vieles mehr sind zu entdecken. Die Namen der Gassen erinnern bis heute an die Handwerkszünfte, deren Mitglieder hier im Mittelalter wohnten. Die Marienkirche mit dem Pfarrer-Ochse-Platz schließt sich an die Altstadt an und bildet quasi den Übergang in die Neuzeit.

Siegufer

Es lohnt sich, von hier aus durch die Alte Poststraße zum Unteren Schloss weiterzugehen. Genau wie das Obere Schloss ganz oben auf dem Siegberg ist auch dieses Gebäude sehr beeindruckend. Hinter dem Unteren Schloss versteckt sich mit der Martinikirche noch eine Kirche in der Oberstadt, sie ist der älteste Sakralbau Siegens. Wer von hier den Weg ganz nach unten findet, kommt zur namensgebenden Sieg. Seit 2015 bewachen Henner und Frieder als Statuen wieder die Oberstadtbrücke. Der Bergmann Henner und der Hüttenmann Frieder stehen für die Tradition des Bergbaus in der Region und sind beliebte Fotomotive.

Info

Lage: Siegen liegt direkt an der Autobahn A45, rund 80 Kilometer östlich von Köln.

Adresse: Nikolaikirche, Pfarrstraße 2, 57072 Siegen

Aktivitäten:

- Oberes Schloss, Siegerlandmuseum: Oberes Schloss 2, 57072 Siegen, *siegerlandmuseum.de*
- Museum für Gegenwartskunst: Unteres Schloss 1, 57072 Siegen, *mgksiegen.de*
- Kinderrallye „Ein Bergwerk in luftiger Höhe – Siegens eisernes Geheimnis": *visitsiegen.de/magasin/details/ein-bergwerk-in-luftiger-hoehe*
- Dunkelcafé – Dinner in the Dark: Dunkelrestaurant; Kölner Straße 11, 57072 Siegen, *dunkelcafe-siegen.de*

Einkehren:

- Altes Zeughaus: Burgstraße 18, 57072 Siegen, *altes-zeughaus.com*
- Frittenglück: Kölner Straße 36, 57072 Siegen, *frittenglueck.de*
- Café Noir: Kornmarkt 34, 57072 Siegen, *cafe-noir-siegen.de*
- Café Königskind: Marburger Straße 21, 57072 Siegen, *cafe-koenigskind.de*

3 Kunstpause

MUSEUM FÜR GEGENWARTSKUNST – ÄUSSERST LEBENDIG!

Museum, das ist doch öde ... falsch! Das Museum für Gegenwartskunst im Herzen von Siegen ist lebendig, bunt und voller toller Kunstwerke – Mitmachangebote und Führungen mit Unterhaltungscharakter stehen auf dem vielfältigen Programm. „Nachts im Museum“ können Kinder Neues entdecken und die Kunstpause donnerstags um 12:30 Uhr ist eine wunderbare Auszeit vom Arbeitsalltag.

Das Museum für Gegenwartskunst in Siegen ist weit über die Grenzen Deutschlands bekannt, auch weil hier die Werke der europäischen Avantgarde und die Sammlung Lambrecht-Schadeberg gezeigt werden. Diese Sammlung ist ein Schwerpunkt des Museums und beinhaltet mehrere Werke aller 14 Künstlerinnen und Künstler, die seit 1957 den Rubenspreis der Stadt Siegen erhielten. Darunter sind zum Beispiel Miriam Cahn, Maria Lassnig, Sigmar Polke, Bridget Riley, Francis Bacon und Lucian Freud. Ihre Werke stehen für die Kunstgeschichte der Gegenwart und werden immer im Museum gezeigt, in wechselnden Zusammenstellungen. Darüber hinaus gibt es noch eine Sammlung Gegenwartskunst, die ebenfalls beeindruckt.

Museum für Gegenwartskunst

Was aber macht das Museum für Gegenwartskunst nun so besonders? Schon von außen beeindruckt das hochkarätige Museum. Direkt neben dem Unteren Schloss steht das architektonisch schöne ehemalige Telegrafenamt. Auf den ersten Blick ein altehrwürdiges Gebäude, auf den zweiten Blick sieht man die bunten Glasscheiben, die gute Laune machen und auf die Kunst im Inneren verweisen. Manchmal gibt es auch optische Installationen an den Wänden des Bauwerks zu bestaunen. Dann öffnen sich die Türen: Der Kassenbereich ist zugleich Verkaufsraum und bietet Literatur und vieles mehr; allein hier kann man Stunden mit Stöbern und Schmökern verbringen.

Das Tolle am Museum sind nicht nur die Räumlichkeiten und die spannenden Kunstwerke. Man merkt, dass das Programm mit viel Liebe und Engagement gestaltet wird. Denn dieses Konzept macht das Haus lebendig, führt die Besucher zur Kultur und lässt

Foyer

sie mitmachen, nah dran sein und Teil des Ganzen werden. Die Kunstpause ist ein wunderbares Beispiel. Jeden Donnerstag um 12:30 Uhr geht es los in der Halle mit dem eindrucksvollen Treppenaufgang, ein Führer begleitet durch die aktuelle Ausstellung. Mal sind es nur drei Leute, dann wieder eine größere Gruppe, immer aber bleibt Raum für individuelle Fragen und Antworten. Kunstwerke, die im Raum aufgebaut sind, dürfen umrundet, von allen Seiten betrachtet werden. Anfassen ist natürlich nicht erlaubt, trotzdem kann man Kunst kaum näherkommen. Auch weil die Führer sich ein paar Ausstellungsstücke herauspicken und dazu erzählen. Was hat sich die Künstlerin dabei gedacht, als sie dieses Werk geschaffen hat, worum ging es ihr, was ist ihre Technik und wie hängen die einzelnen Kunstwerke miteinander zusammen? Fragen sind nicht nur erlaubt, sondern erwünscht, genauso wie eigene Gedanken zum Werk, zur Idee und Gestaltung. Selten war eine Führung so schnell zu Ende, man könnte ewig weitergehen und Kunstpause machen, so spannend und anregend ist das.

Sammlung Gegenwartskunst

Für die kleinen Besucher gibt es ebenfalls viele Angebote – neben der Nacht im Museum, die natürlich ein Renner ist. In einem Begleitheft zeigt Museumszebra Rubi, wie man moderne Kunst versteht und eigenhändig schaffen kann. Kreative Angebote, um selbst Künstler zu werden, sorgen im Atelier für großen Spaß. Hier das Original im Museum, dort die eigene Interpretation zum Mitnehmen für Zuhause. Sogar der Kindergeburtstag kann im Museum gefeiert werden mit einem Workshop, um sich spielerisch der Kunst zu nähern. Langeweile? Ein Fremdwort im Museum für Gegenwartskunst.

Info

Lage: Das Museum für Gegenwartskunst liegt im Herzen von Siegen.

Adresse: Museum für Gegenwartskunst, Unteres Schloss 1, 57072 Siegen

Website: *mgksiegen.de*

Einkehren:

- Brasserie Ristorante e Piazza: Unteres Schloss 1, 57072 Siegen, *brasserie-siegen.de*

4 Stadtnah und mitten im Grünen

HISTORISCHER TIERGARTEN

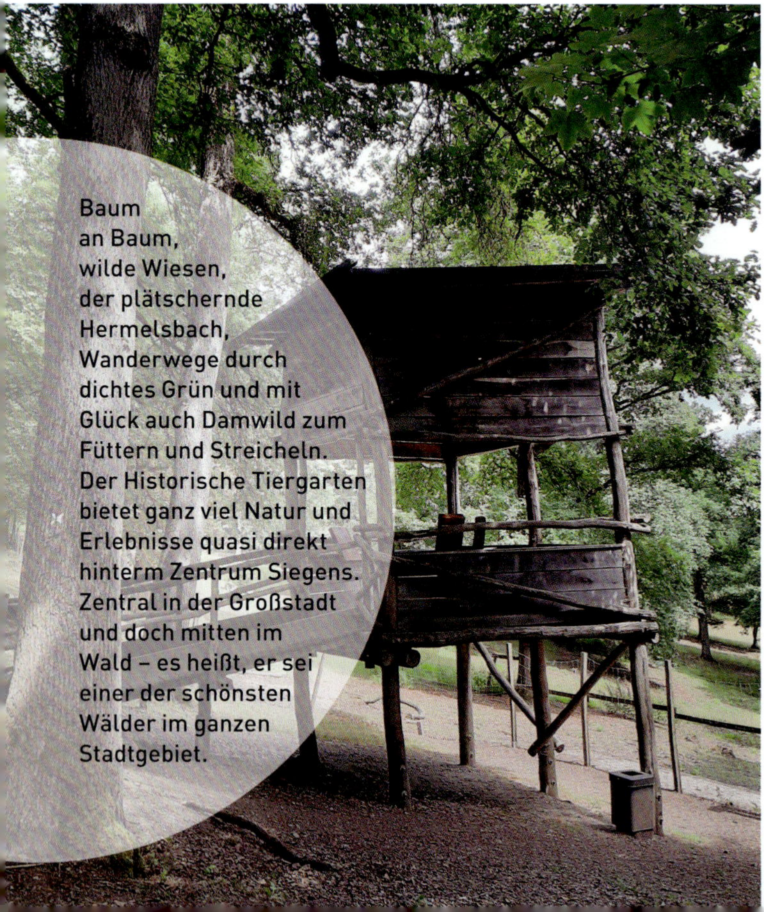

Baum
an Baum,
wilde Wiesen,
der plätschernde
Hermelsbach,
Wanderwege durch
dichtes Grün und mit
Glück auch Damwild zum
Füttern und Streicheln.
Der Historische Tiergarten
bietet ganz viel Natur und
Erlebnisse quasi direkt
hinterm Zentrum Siegens.
Zentral in der Großstadt
und doch mitten im
Wald – es heißt, er sei
einer der schönsten
Wälder im ganzen
Stadtgebiet.

Knorrige Eichen und uralte Buchen säumen die breiten, für Kinderwagen und Co. geeigneten Wege und natürlich auch die schmalen Pfade, die zu erholsamen Spaziergängen, Wanderungen oder zum Joggen einladen. Seit 2021 wird hundert Jahre lang auf eine forstwirtschaftliche Nutzung verzichtet, da dieser Wald mit seinen alten Bäumen ökologisch so wertvoll ist. Der rund hundert Hektar große Tiergarten stammt aus dem 17. Jahrhundert, hier ist man also auf den Spuren von Fürst Johann Moritz unterwegs, der dieses Gebiet schon zur Jagd nutzte. Langweilig wird es hier nie, egal, wie oft man vorbeikommt. Im Erlebniswald gibt es nicht nur einen Wald- und Pilzlehrpfad, der Wissenswertes über Bäume, Pflanzen, Pilze und Tiere erzählt, auch das Thema Waldschäden wird behandelt. Knapp 20 Erlebnisstationen sorgen für Abwechslung, Abenteuer und spannende Wissensvermittlung: Hier können Groß und Klein, Jung und Alt das Ökosystem Wald mit seiner beeindruckenden Artenvielfalt spielerisch entdecken. Highlights sind das Baumtelefon, der Hirschsprung und der Barfußpfad. Alle Tierfreunde sind genau richtig am Aussichtsturm am Wildgehege. Hier gibt es auch Futterautomaten für das zutrauliche Damwild. Das Schaugehege beherbergt rund 25 Tiere, Chef ist Damwildschaufler Peter. Das Gelände ist sehr hügelig und dicht mit Bäumen und Sträuchern bewachsen, damit die Tiere genug Schutz vor dem Wetter haben und auch über ausreichende Deckung verfügen. Daher kann es sein, dass man das Damwild in dem 65.000 Quadratmeter großen Gehege nicht entdecken kann.

Wow-Erlebnis unterwegs

Ganz neu im Tiergarten sind die „twittering trees“. Sprechende Bäume? Ja, so ähnlich. In Zusammenarbeit haben die Universität Siegen und die Biologische Station Siegen-Wittgenstein das Projekt „Natur digital begreifen“ (nadib) umgesetzt. Eine Eiche und eine Buche wurden mit mehreren Messnadeln ausgestattet. Diese Sensoren messen den Saftfluss im Stamm und geben die Daten weiter. Besucher vor Ort können mit ihren Smartphones einen QR-Code scannen und das jeweils aktuelle Ergebnis nachlesen, das aus den Daten erarbeitet wurde. Gezeigt wird, wie es dem Baum gerade geht, wie der Wasserfluss ist und ob er unter Trockenstress leidet.

Die Ameise

Aber das ist noch nicht alles an moderner Technik hier im Wald. Eine Wildtierkamera hat alle Vögel, Vier- und Mehrbeiner im Blick. Und eine sogenannte Phänokamera nimmt täglich zwei kurze Videos von mehreren Bäumen auf, um zu dokumentieren, welchen Einfluss Wetter, Klima und Witterung im Verlauf der Jahreszeiten auf die Entwicklung der Pflanzen und ihr Wachstum haben.

Um diesen besonderen Stadtwald richtig entdecken und erwandern zu können, sind mehrere Rund- und Wanderwege ausgeschildert, je nach Wunsch und Fitness von eineinhalb bis sechs Kilometer Länge. Los geht es von den kostenlosen Wanderparkplätzen. Wer eine Pause braucht, nach den vielen Infos und inmitten der Natur, findet einige Picknickplätze. Zahlreiche Bänke und bequeme Holzliegen laden ebenfalls zu einer Rast ein, oft mit wunderschönen Ausblicken auf die Stadt oder die Natur ringsum. Einen Abstecher ist auf jeden Fall die Panzerwiese wert, die früher Übungsgelände des belgischen Militärs war – man sieht heute noch die Anlagen, in denen sich die Panzer die Ketten reinigen konnten – und heute beliebtes Naherholungsziel ist. Der Blick von hier auf die Stadt Siegen bietet völlig neue Ansichten.

Blick über die Panzerwiese

Info

Lage: Der Historische Tiergarten liegt etwa zwei Kilometer nordwestlich der Innenstadt von Siegen.

Adresse: Erlebniswald Historischer Tiergarten, Im Tiergarten, 57076 Siegen

Aktivitäten:

- Wanderungen: Ausgangspunkt Wanderparkplatz Erlebniswald oder Grillhütte am Tiergarten oder bis zum Güterweg 38, 57076 Siegen-Weidenau, dann immer den asphaltierten Wirtschaftsweg hinauf bis zum Wanderparkplatz.
- Industriedenkmal Wasserpadds Haus: Boschgotthardshütte 48, 57076 Siegen, *siegen-wittgenstein.info/de/poi/industriedenkmal/wasserpadds-haus/13066354*
- Kulturzentrum Brauhaus – Ateliergebäude Universität Siegen: Zum Wildgehege 25, 57076 Siegen, *https://www.kunst.uni-siegen.de*

Einkehren:

- Schwarzes Schaf: Erzstraße 46, 57076 Siegen, *schwarzes-schaf-siegen.com*

Website: *visitsiegen.de/magasin/details/erlebnis-wald*

5 Weite und leuchtendes Lila

TRUPBACHER HEIDE

Mal so richtig abschalten, den Trubel der Stadt hinter sich lassen, Natur pur genießen. Ein besonderes Fleckchen Erde entdecken, das man so nicht im Mittelgebirge erwarten würde. Die Trupbacher Heide liegt nur wenige Kilometer von der Großstadt Siegen entfernt und bietet ein wahres Naturparadies mit hoher Biodiversität. Im August leuchtet die Heidelandschaft in bezauberndem Lila!

Einst fuhren hier Panzer und sorgten für freie Flächen, ohne große Sträucher oder Bäume. Die belgischen Truppen nutzten während der Besatzungszeit nach dem Krieg bis 1993 die hochgelegenen Flächen zwischen Siegen, Freudenberg und Kreuztal als Standortübungsplatz Trupbach. Seit den 1930er-Jahren wurden diese Hochflächen fast immer militärisch genutzt, es entwickelte sich eine besondere Naturlandschaft. Die Trupbacher Heide gehört heute zu den wertvollsten Naturschutzflächen in ganz Nordrhein-Westfalen. Große Teile dieser Naturerbefläche sind als Landschafts-, Naturschutz- oder sogar FFH-Gebiet ausgewiesen. FFH steht für Fauna-Flora-Habitat, ein besonders wichtiges Schutzgebiet, dessen Lebensraum für viele seltene Tiere und Pflanzen von hoher Bedeutung ist – die Natur ist auf einer recht großen Fläche noch weitgehend intakt. Die Ruhe, die weitschweifenden Blicke, die offene Landschaft – im Mittelgebirge eher selten – das hat etwas Magisches.

Es ist schön, wie friedlich es jetzt auf der Trupbacher Heide ist – statt dröhnender Panzer die leisen Geräusche der Natur. Ab und zu hört man den schrillen Schrei eines Greifvogels, Schafe blöken und Ziegen meckern. Die Tiere fressen gemütlich vor sich

Insektenhotel in der Trupbacher Heide

hin und kümmern sich um die Pflege der Heidelandschaft, halten sie offen. Die wolligen Mitarbeiter der Schäferei Küthe sorgen naturschutzkonform dafür, dass die Heide nicht verbuscht und zuwächst – auf lange Sicht würde sonst Wald entstehen. Die Landschaft mit den Magerwiesen bietet vielen Insekten und anderen Tieren Heimat, eine große Artenvielfalt. Überall gibt es was zu schauen, zu entdecken und zu bestaunen. Seit der Jahrtausendwende konnten 42 Tagfalterarten nachgewiesen werden – jede dritte steht auf der Roten Liste in NRW. Momentan werden regelmäßig rund 30 verschiedene Arten von Tagfaltern beobachtet. Nachts jagen Fledermäuse, darunter die streng geschützte Bechsteinfledermaus.

Lila ist die Farbe der Heidelandschaft

Wichtig ist, dass alle Besucher der wertvollen Heidelandschaft die Regeln einhalten. Auf den Wegen bleiben, die Tiere nicht stören und nicht wegen eines Fotos querfeldein durch die Pflanzen trampeln! Mit Ehrfurcht und im Einklang mit der Natur durch die Landschaft spazieren, wandern oder radeln – durch die Landschaft, die sich hier so offen darbietet, in ihrer ganzen Schönheit, aber auch in ihrer Verletzlichkeit. Das Schutzgebiet, seit 2016 Besitz der NRW-Stiftung, ist ein wichtiger Lebensraum für seltene und gefährdete Tier- und Pflanzenarten. Man kann Mondraute, Ginster-Sommerwurz oder besondere Falter und Schmetterlinge, Wasserfrosch, Fadenmolch und verschiedenste Libellen beobachten. Sie lieben die Tümpel, die entstanden sind, wo die Panzer Fahrrinnen und verdichteten Boden hinterließen, sodass sich Wasser sammeln konnte. Die farbig markierten Pfosten weisen den Weg. Und Wege gibt es genug, von der kleinen Runde mit gut zwei Kilometer bis hin zu neun Kilometer oder mehr, wenn man Routen kombiniert.

Abfälle wieder mitzunehmen, sollte selbstverständlich sein. Und auch den Hund an der Leine zu lassen, denn die Vögel, die die Heidelandschaft bewohnen oder hier rasten, wie Baumpieper oder Neuntöter, sind oft sehr störungsempfindlich. Wer Glück hat, kann so ein kleines Federknäuel bei der Nahrungssuche beobachten. Die Heidelerchen zum Beispiel haben hier eines der letzten Brutgebiete im Siegerland. Egal, welche Arten man unterwegs von den Wegen aus bestaunen konnte, die weite Aussicht vom Kirrberg ist immer außerordentlich. Besonders im August, wenn die Heide blüht, leuchtet das Gebiet in Lila und Violett – ein wahrer Genuss für Augen und Seele.

Info

Lage: Die Trupbacher Heide liegt etwa fünf Kilometer nordwestlich von Siegen.

Aktivitäten:

- Hofladen der Schäferei Küthe: Mühlchenstraße 7 57078 Siegen-Meiswinkel, *gutesvomschaf.de*
- Hofladen Biohof Ohrndorf: Bühlerstraße 280, 57258 Freudenberg, *biohof-ohrndorf.de*
- Buzz-Aldrin-Platz, Ortsmitte Trupbach: Gedenkstätte zu Ehren von Dr. Edwin Eugene „Buzz" Aldrin, der 1969 im Rahmen der Apollo-11-Mission der NASA nach Neil Armstrong der zweite Mensch auf dem Mond war und dessen familiäre Wurzeln hier im Siegerland liegen.

6 Ausgrabungsstätte Gerhardsseifen und EisenZeitReiseWeg

FEUER UND EISEN ODER HIGHTECH BEI DEN KELTEN

Rund 1000 Jahre v. Chr. beginnt die Eisenzeit in Europa und löst die Bronzezeit ab. Damit wird Eisen zum wichtigsten Rohstoff. Waffen und Werkzeuge wurden nun aus Eisen gefertigt, viel haltbarer, härter und auch einfacher zu beschaffen. Die Kelten, so nannten sich die Menschen damals, prägten Landschaft und Kultur – teilweise bis heute. Metallverarbeitung war für sie sehr wichtig.

Ein einzigartiges Bodendenkmal

Wie gut die Kelten in dieser Kunst waren, zeigt sich, wenn wir heute versuchen, mit ihren Rennöfen Eisenerz zu verarbeiten. Trotz wissenschaftlicher Daten und vieler Versuche ist es schwierig, gute Ergebnisse zu erzielen mit den einfachen Methoden der Kelten. Offenbar waren sie Meister der Eisengewinnung und -verarbeitung! Mit den kargen Böden und der oft nassen Witterung war das Siegerland jahrtausendelang eher unattraktiv für Menschen, das änderte sich in der Eisenzeit: Hier gab es Eisenerze nahe der Oberfläche, oft direkt zum Einsammeln, und mehr als genug Bäume, um die Öfen zu befeuern, die das Erz zu Eisen verhütteten.

Beeindruckend zeigen sich die Überreste an der Ausgrabungsstätte Gerhardsseifen mitten im Wald, nahe der Großstadt Siegen. Sie ist die wichtigste archäologische Ausgrabung zur eisenzeitlichen Eisenproduktion in ganz Nordrhein-Westfalen und ganz hervorragend erhalten. Schlackenhalde, Röstplatz, Amboss, verschiedene Öfen und Meiler sind zu sehen. Unkundige

Der Schutzbau

Augen tun sich damit ein bisschen schwer, aber dafür gibt es erklärende Infotafeln. Jahrelang wurde hier seit 2003 im Siegerländer Tal gegraben, um zu Tage zu bringen, was die Kelten hinterlassen haben. Vor etwa 3000 Jahren rauchten im Siegerland die größten Eisenverhüttungsöfen in ganz Mitteleuropa. Hier verarbeiteten die Kelten in ihren für diese Zeit fortschrittlichen Öfen das Eisenerz, das bis in die Neuzeit in der Region gefördert wurde. Ein Schutzbau über den Ausgrabungen bewahrt das kostbare Erbe für die Zukunft. Übrigens wurde bei den Grabungen festgestellt, dass auch im Mittelalter an diesem Ort Eisen verhüttet wurde.

Der EisenZeitReiseWeg lädt auf eine spannende Reise in die Vergangenheit des Siegerlandes ein. Auf etwa 800 Metern und zwölf Stationen geht es zurück in die Welt der Kelten. Der Weg ist für alle Altersgruppen gedacht, speziell auch für Kinder. Die Texttafeln hängen an übermannsgroßen Cortenstahl-Stelen, die von der Künstlerin Marti Faber gestaltet wurden – passend zum Thema Eisenverarbeitung. An jeder der Stationen gibt es Wissenswertes über die Kelten, ihre Arbeitsmaterialien und natürlich vor allem über das Element Eisen. Damit die Besucher besser nachvollziehen können, was sich bei den Kelten alles ereignete, führt der EisenZeitReiseWeg von der Gegenwart Epoche für Epoche zurück bis in die Eisenzeit.

Für alle, die mehr wissen wollen, ergänzen QR-Codes das Geschriebene um weiterführende digitale Infos. Die freche

Frieda, eine Ofensau, animiert die Kleinen zum Mitmachen. Der EisenZeitReiseWeg endet direkt am Schutzbau, der das Herz des Projektes bildet. Die archäologische Grabung Gerhardsseifen als einzigartiges Bodendenkmal ist hier sicher vor Wind und Wetter konserviert. Nicht wundern, auf den ersten Blick wirkt der Bau ein bisschen abweisend und abgeschottet. Die Rollos sind üblicherweise geschlossen, um kein Licht auf die empfindlichen Fundstücke im Boden zu lassen. Auf Knopfdruck fahren diese Rollläden hoch und geben den Blick auf die originalen Funde frei. Ton- und Lichteffekte helfen, die Geschichte zu verstehen.

Der EisenZeitReiseWeg

Info

Lage: Die Ausgrabungsstätte Gerhardsseifen und der EisenZeitReiseWeg befinden sich rund neun Kilometer südwestlich von Siegen, direkt an der Landesgrenze zu Rheinland-Pfalz.

Adresse: Ausgrabungsstätte Gerhardsseifen, Parkplatz Am Rosengarten, 57080 Siegen

Website: *einsiegerlaendertal.de* (hier unter „Projekte")

Aktivitäten:

- Netphener Keltenweg: Start am Wanderparkplatz Leimbachtal, an der B62 zwischen Netphen und Eschenbach, 57250 Netphen, *siegen-wittgenstein.info/de/tour/wanderung/netphener-keltenweg/1532403*

7 Belgier und Kelten

STADTNAH IM GRÜNEN WANDERN

Was haben die Belgier mit den Kelten zu tun? Auf den ersten Blick nicht viel, so scheint es. Schaut man aber nach Achenbach, heute ein Stadtteil Siegens, erkennt man die Gemeinsamkeit: Beide haben lange Zeit im Siegerland gelebt, beide sind Teil der Geschichte der Region. Und beide, sowohl die Belgier erst vor Kurzem als auch die Kelten vor langer Zeit, haben Siegen und das Umland geprägt.

Denkmal an die belgische Garnison

Die Spuren der Belgier sind noch nicht so alt und immer noch deutlich sichtbar, wenn man weiß, wo man suchen muss. Von 1947 bis 1995 waren Mitglieder der belgischen Streitkräfte in Siegen stationiert. Große Teile des Fischbacherbergs, des Wellersbergs, des Heidenbergs sowie der Hermelsbach haben die Belgier mit militärischen und zivilen Einrichtungen und Gebäuden bebaut. Viele der Bauten stehen immer noch. Besonders bekannt ist die sogenannte Panzerwiese nahe der DRK-Kinderklinik Siegen. Wer auf dem befestigten Weg oberhalb der großen Wiese geht und mal genauer hinschaut, findet direkt dort eine Anlage, auf der die Ketten der Panzerfahrzeuge gereinigt werden konnten.

In Achenbach mitten im Ort gibt es eine Erinnerungsstätte an die ehemalige belgische Garnison. Dieses Denkmal mit den beiden Toren ist auch Ausgangspunkt für die Wanderung auf dem Historischen Rundweg Achenbach. Zuerst geht es zur Friedenskirche, die heute ein Ort der Begegnung ist. Die Kirche gilt nicht nur als erste neu gebaute evangelische Kirche in Siegen nach der Reformation, sie ist auch die einzige Kirche in Deutschland, die sowohl ihren Namen als auch ihren Standort gewechselt hat. Zudem ist sie ein Zeichen der Verbundenheit

Blick auf Achenbach

und Versöhnung, wurde sie doch von der reformierten Zionsgemeinde in Evansville in Indiana, USA, für die Siegener gespendet. Am 8. August 1948 wurde die damalige Johanneskirche auf dem Eintrachtgelände in Siegen, wo heute die Siegerlandhalle steht, eingeweiht. Die Kirche musste dem Neubau der Halle weichen und wurde unter dem Namen Friedenskirche am 7. Mai 1959 am neuen Standort in Achenbach wieder eingeweiht.

Nur wenige Gehminuten weiter der Sprung in die entferntere Vergangenheit: Hier im Engsbachtal wurden bereits in den 1930er-Jahren mehrere Rennöfen aus der Eisenzeit ausgegraben. Das Original, das am besten erhalten ist, befindet sich heute im Siegerlandmuseum im Oberen Schloss in Siegen, aber hier vor

Nachbildung eines Rennofens

Wegmarkierung Historischer Rundweg Achenbach

Ort gibt es eine Nachbildung. Die eisenzeitlichen Kelten waren bereits sehr früh in der Lage, Eisen aus dem Erz zu schmelzen und dieses dann zu schmieden. Der historische Themenweg gibt auf umfangreichen Tafeln zahlreiche Informationen und Einblicke in die Vergangenheit der Region.

Genauso beeindruckend ist aber die Natur selbst. Luftlinie nur rund drei Kilometer von der Innenstadt der Großstadt Siegen entfernt, steht man hier im wahrsten Sinne des Wortes mitten im Wald. Kaum zu glauben, dass die City so nah sein soll. Auch auf dem Erfahrungsfeld SCHÖNUNDGUT scheint die Hektik des Alltags ganz weit entfernt. Hier oben auf dem Fischbacherberg befindet sich seit 2006 auf dem Gelände des ehemaligen Militär-Schießstands ein großzügiger Raum für Kinder und Jugendliche. Verschiedene Veranstaltungen finden statt und

Bauwagen auf dem Erfahrungsfeld SCHÖNUNDGUT

Erfahrungsfeld SCHÖNUNDGUT

auch der Abenteuerspielplatz RaBauKi hat auf dem Erfahrungsfeld ein neues Zuhause gefunden. Im Sommer werden auf dem Bauspielplatz an den Wochenenden und in den Ferien Buden aus Holz gebaut, es wird gemeinsam gekocht, Feuer gemacht und vieles mehr.

SCHÖNUNDGUT wächst immer weiter. Aktuell gibt es unter anderem eine Bühne für Aufführungen, einen großen Fußballplatz, Konzerte und andere Events. Davon abgesehen ist das Gelände aber jederzeit geöffnet und auch für Spaziergänger und Wanderer ein wunderbarer Ort für eine wohlverdiente Pause. Bänke und Tische laden zum Picknick ein und das viele Grün belebt Augen und Sinne. Sogar ein Fischteich mit Brücke und sehenswertem Türmchen wurde angelegt. Jüngste Attraktion ist das neue Werkstattgebäude, das erst im Mai 2023 eingeweiht wurde. Hier können Jugendliche ausprobieren, welche Fähigkeiten sie besitzen und was ihnen ganz besonders Spaß macht. Erfahrungen sammeln also.

Fischteich mit Türmchen auf dem Erfahrungsfeld

Info

Lage: Achenbach liegt direkt an der Autobahn A45, Abfahrt Siegen, etwa drei Kilometer südwestlich von Siegen-Mitte.

Aktivitäten:

- Wandern auf dem Historischen Rundweg Achenbach: *siegen-wittgenstein.info/de/tour/wanderung/historischer-rundweg-achenbach/23626344*
- Ausruhen oder Toben auf dem Erfahrungsfeld SCHÖNUNDGUT: *erfahrungsfeld-schoen-und-gut.de*
- Flowtrail auf dem Fischbacherberg: Startpunkt Parkplatz Allensteiner Straße oder Parkplatz Numbachstraße, 57072 Siegen, *mtbsiegerland.de/flowtrail*

8 Ein Juwel der Industriegeschichte

REINHOLD FORSTER ERBSTOLLN BEEINDRUCKT MEHRFACH

Stolz grüßt das strahlend weiße, markante Stollenportal des Reinhold Forster Erbstolln seine Besucher. Und stolz darf es auch sein, denn hinter dem Portal befindet sich schließlich der zweitlängste Stollen in ganz Nordrhein-Westfalen und begehbar ist er auch! Eine Erkundung auf den Spuren der damaligen Bergleute im Rahmen einer Führung ist beeindruckend und unvergesslich.

Vom Eingang durch das auffällig gestaltete Mundloch in Siegen-Eiserfeld bis zum Kaiserschacht misst der Stollen genau 7.597,5 Meter. Dabei werden die Seitengänge dazugezählt. In Nordrhein-Westfalen ist nur der Schlebuscher Erbstollen südöstlich von Bochum länger. Nahe dem Kaiserschacht auf dem Pfannenberg zwischen Siegen und Neunkirchen weist der Pfannenbergturm, ein ehemaliger Förderturm, ebenfalls auf die Bergbaugeschichte der Region hin. Das Portal in Eiserfeld wurde 1879 im Stil des Historismus erbaut und zeigt die damalige Bedeutung der Anlage. Es wurde 1982 als Baudenkmal in die Denkmalliste der Stadt Siegen eingetragen.

Der Reinhold Forster Erbstolln wurde 1805 angeschlagen – er erfüllte viele verschiedene Zwecke, bis 1902 der Betrieb eingestellt wurde. So wurden einige hundert Tonnen Eisenerz und auch Kupfererz hier gefördert, aber es ging auch darum, andere Stollen zu entwässern. Nach 1902 wurde der Stollen mit dem markanten Portal nur noch für die Ein- und Ausfahrt der Bergleute und den Materialtransport zur Grube Eisenzecher Zug genutzt. Zur Entwässerung dient er bis heute. Im Eisenzecher Zug wurde damals erstmals das Mineral Lepidokrokit entdeckt, auch Rubinglimmer genannt. Sehr selten und dunkelrot bis rotbraun in Form von kleinen Kristallen, die mal metallen glänzen, mal wie Seide schimmern. Eines dieser kleinen Kunstwerke ist im Mineralogischen Museum Bonn zu bestaunen.

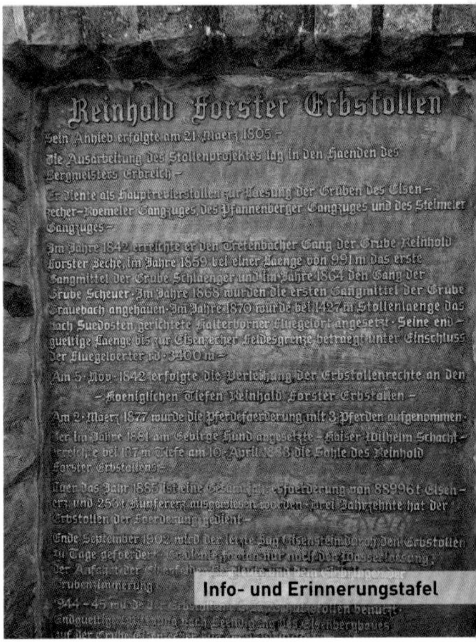

Info- und Erinnerungstafel

Viele der Stollen im Siegerland wurden während des Zweiten Weltkrieges zum Schutz der Bevölkerung vor Luftangriffen genutzt, auch der Reinhold Forster Erbstolln. In den 1970ern war er Sprengstofflager für eine Firma und schon 1983 wurde er auf den ersten 350 Metern zu einem Besucherbergwerk ausgebaut. Nun stehen wieder Bauarbeiten an, denn die Infrastruktur soll verbessert und modernisiert werden, um die regionale Bergbaugeschichte besser

Infotafeln und Güterlore

erlebbar zu machen – gefördert unter anderem durch die NRW-Stiftung, um dieses besondere Kulturerbe zu erhalten. Geplant ist der Bau eines Grubenhauses, das sowohl einen Raum zur Ausgabe und Lagerung von Schutzausrüstung für die Besucher unter Tage als auch sanitäre Einrichtungen und einen Mehrzweckraum zur Ausgabe von Getränken beherbergen soll, genauso wie ein Infozentrum im Eingangsbereich. Auch Parkplätze direkt am Gelände sollen angelegt werden. Bis alles fertig ist, können Führungen nur für Gruppen und nach Anmeldung angeboten werden.

Teilstück einer Förderanlage

Info

Lage: Eiserfeld liegt etwa vier Kilometer südlich der Kernstadt Siegens.

Adresse: Besucherbergwerk Reinhold Forster Erbstolln, Reinhold-Forster-Weg 22, 57080 Siegen

Website: *gewerkschaft-eisenzecher-zug.de*

Einkehren:

- Eis.erfeld. Die Eismanufaktur: Eiserfelder Straße 460, 57080 Siegen, *eiserfeld-eismanufaktur.de*

Nördliches Siegerland –
Hilchenbach und Kreuztal

Ausblick vom Turm der Ginsburg in Hilchenbach-Grund

Nördliches Siegerland – Hilchenbach und Kreuztal

9. Altes Schloss, neues Leben: Schloss Junkernhees in Kreuztal lädt ein
10. Kulturerbe im Wald: Zu Besuch im Historischen Hauberg Fellinghausen
11. Weltbekanntes Wahrzeichen: Der Kindelsbergturm in Kreuztal
12. Eine Sage wird wahr: Bergbausiedlung und Stollen aus dem Mittelalter
13. Silber und andere Schätze: Tief unter die Erde im Stahlbergmuseum Müsen
14. Wasser und Kalorienpfad: Barrierefrei um die Breitenbachtalsperre
15. 1A unterwegs: Natur und ganz viel Geschichte rund um die Ginsburg
16. Paradies für Pflanzenliebhaber: Kräuterey Lützel
17. Der „Weg der Sinne“: Entspannt wandern auf dem Rothaarsteig

Welschen Ennest
Silberg
Brachthausen
Heinsberg
NORDRHEIN-
WESTFALEN
17
12
Littfeld
11
13
Hilchenbach
Krombach
517
Müsen
Stendenbach
Dahlbruch
14
508
15
16
Lützel
10
Kreuztal
9
Kredenbach
Fellinghausen
Herzhausen
Unglinghausen
Buchen
Afholderbach
62
Obersetzen
Frohnhausen
54
Niedersetzen
Brauersdorf
Niederholzklau
Dreis-Tiefenbach
62
Netphen
Alchen
Beienbach
Breitenbach
Nenkersdorf
Deuz
Grissenbach
Seelbach
Siegen
45
Salchendorf
Oberschelden
Flammersbach
62
Irmgarteichen
Niederdielfen
54
Gernsdorf
Obersdorf
Rudersdorf
Mudersbach
Rinsdorf
Wilnsdorf
Wilgersdorf
Brachbach
Wilden
0
5 km

9 Altes Schloss, neues Leben

SCHLOSS JUNKERNHEES IN KREUZTAL LÄDT EIN

Ein halbes Jahrtausend alt und doch mit modernem Programm, das charakterisiert Schloss Junkernhees in Kreuztal. Egal, ob das beliebte Musikfestival „Into the Dungeon“, ein Sonntagscafé mit Erlebnisführung oder ein gemütlicher Kneipenabend – wenn das alte Schloss im neuen Gewand seine Türen öffnet, ist jedes Mal ein besonderes Erlebnis garantiert.

500 Jahre alt und wieder ganz neu und chic – so präsentiert sich Schloss Junkernhees im gleichnamigen Ortsteil von Kreuztal. Man sieht der Fassade schon auf den ersten Blick an, dass sie erst kürzlich renoviert wurde. Das Schloss strahlt regelrecht, die Rosen vor dem Haus leuchten in der Herbstsonne in bezauberndem Pink. Ein gelungener Kontrast zu den Mauern in zartem Cremegelb mit rotumrahmten Fenstern unter dem kunstvollen

Schloss Junkernhees

Fachwerkaufbau. Der 1999 wiederaufgebaute Turm glänzt in seinem neuen Schieferkleid in Silbergrauschwarz. Seit 2014 der Verein zur Erhaltung von Schloss Junkernhees gegründet worden ist, hat sich viel getan am und im altehrwürdigen Gemäuer. Endlich ist wieder Leben ins Schloss eingekehrt, ein buntes Programm wartet auf die Besucher.

Das Renaissanceschloss wurde 1523 fertig gestellt, im Dezember zogen Ritter Adam von der Hees und seine Frau Margarethe ein. Das zeigt noch heute der Wappenstein über dem Eingangsportal. Schloss Junkernhees mit seinem Park mit altem Baumbestand und künstlichen Teichen zählt im nördlichen Siegerland zu den bedeutendsten Profanbauten – das heißt, es wurde immer nur als Wohngebäude oder ähnliches genutzt und nicht als Sakralbau oder für Fürsten oder Könige. Natürlich ist nach vielen Um- und Anbauten, Abbrüchen und Änderungen nicht mehr das Originalgebäude zu sehen – schon um 1600 wurde das Haupthaus erstmals erweitert. Andere Um- und Erweiterungsbauten stammen aus dem Jahr 1698, im barocken Stil. Junker Dietrich Wilhelm von Syberg ließ dies auch auf dem markanten Fachwerkgiebel mit der Inschrift „Syberg 1698" dokumentieren. Weitere Baumaßnahmen folgten über die Jahrhunderte.

Urig ist es im Schloss

Das Schloss blickt nach 500 Jahren auf eine wechselvolle Geschichte zurück. Einst das Wohnhaus von Rittern, viel später die erste Diskothek des Siegerlandes in den 1960er-Jahren, danach Hotel und Restaurant – heute ein beliebter Treffpunkt nach Programm. Auch die Siegerländer Sagen-Nachmittage für Kinder finden hier den perfekten Ort. Das komplette Programm wird ehrenamtlich gestemmt, alle Termine sind online zu finden. Auf der Homepage hat der Verein zur Erhaltung von Schloss Junkernhees auch viele spannende Infos rund um das Schloss und seine Historie zusammengetragen. Zusätzlich postet der Verein auf Facebook und Instagram Aktuelles und Wissenswertes.

Natur pur ums Schloss herum

Info

Lage: Schloss Junkernhees steht im gleichnamigen Ortsteil Kreuztals, rund drei Kilometer südwestlich des Zentrums.

Adresse: Schloss Junkernhees, Heesstraße 202, 57223 Kreuztal

Website: *schloss-junkernhees.de*

Aktivitäten:

- Direkt gegenüber vom Schloss ist ein kleiner Parkplatz. Von hier kann man eine kleine Runde auf dem Heestalsteig laufen.
- Into the Dungeon: Das Rock- und Metal Festival findet zum nächsten Mal 2025 statt.

10 Kulturerbe im Wald

ZU BESUCH IM HISTORISCHEN HAUBERG FELLINGHAUSEN

Hauberg? Nie gehört? Genauso wenig wie die Begriffe Lohe, Knipp und Schanzen? Dann schnell nach Kreuztal-Fellinghausen zum Historischen Hauberg! Auf dem Haubergspfad ist man auf einem Spaziergang durch das „Immaterielle Kulturerbe" unterwegs. Schon lange ist diese nachhaltige Waldwirtschaft im Siegerland Teil des Lebens. Die erste Haubergsordnung stammt aus dem 18. Jahrhundert.

Seit 2018 ist die Haubergswirtschaft im Siegerland und den umliegenden Regionen in das bundesweite Verzeichnis „Immaterielles Kulturerbe" eingetragen – dies zeigt deren besondere Bedeutung. Heute ist Nachhaltigkeit in aller Munde: Erst ein Trend, jetzt für viele Alltag. Im Siegerland und in den Nachbarregionen kennt man die traditionelle Haubergswirtschaft schon seit Jahrhunderten. Auch heute noch haben viele Siegerländer eigenen Wald oder zumindest Anteile an einem Hauberg, die sogenannten Haubergspfennige, oft gemeinschaftlich in den Haubergsgenossenschaften organisiert. Der Hauberg und die Arbeiten im Wald prägen immer noch Teile des Alltags und der Waldwirtschaft.

Infotafel zum Jahresschlag 2022

Und was genau ist am Hauberg so anders? Die Waldflächen werden so bewirtschaftet, dass die Natur sich immer wieder regenerieren kann. So bleibt immer ein Teil der Bäume des Waldes bestehen und damit auch der Rückzugsort für Tiere. Wie das genau geht und was dabei zu beachten ist, das erfährt man ganz anschaulich und mittendrin im Historischen Hauberg in Fellinghausen. Man könnte das Areal auch als Freilichtmuseum bezeichnen. Die ursprüngliche Haubergswirtschaft wird hier noch gelebt und ihre Tradition fortgeführt. Dabei wird ein Eichen-Birken-Niederwald mit den alten Werkzeugen und nach den bewährten Ideen

Infotafel

bewirtschaftet. Entlang des Haubergpfads erklären Infotafeln – auch extra für Kinder –, was zu sehen ist und wie die Haubergswirtschaft in der Theorie aussieht. Direkt daneben zeigen die Flächen, wie es praktisch umgesetzt wird. Der Rundweg kann jederzeit selbst erkundet werden.

Logo des Kohlenmeilers

Auch Schulklassen kommen immer wieder in den Historischen Hauberg nach Fellinghausen, um die Geschichte der Region kennenzulernen. Und die Kinder dürfen dabei auch selbst Hand anlegen und mitarbeiten – so lernt es sich noch einfacher, weil es eben nicht nur Theorie ist, sondern gelebte Realität, die erfahrbar ist. Jedes Jahr nach Pfingsten wird ein traditioneller Kohlenmeiler aus Holz aufgeschichtet und entzündet, um auch die traditionelle Kohleherstellung zu demonstrieren. Und alle zwei Jahre findet der „Tag des Haubergs" statt, dann ist auch ganz schnell klar, was ein Haubergsknipp ist und wofür man dieses spezielle Messer braucht. Und die Schanzen? Wer Glück hat, kommt an einem Backes, dem Gemeinschaftsbackofen eines

Platz für den Kohlenmeiler

Dorfes, vorbei, wo gerade Brot gebacken wird. Denn dort wird mit den Schanzen, zu Bündeln gebundenem Reisig aus dem Hauberg, das Feuer angefacht. Das frische Brot ist beim nächsten Frühstück eine wunderbare Erinnerung an diesen Ausflug in die Vergangenheit, die immer noch lebendig ist.

Gemütlich mit Ausblick

Info

Lage: Der Historische Hauberg Fellinghausen liegt rund einen Kilometer westlich von Kreuztal-Mitte.

Adresse: Historischer Hauberg Fellinghausen, Luisenstraße/Am Hauberg, 57223 Kreuztal

Website: *fhhf.de*

Aktivitäten:

- Wandern auf dem Kindelsberg: ab Rasthaus Kindelsberg 1, 57223 Kreuztal, *siegen-wittgenstein.info/de/tour/wanderung/kindelsbergpfad/1521903/#dmdtab=oax-tab1*

11 Weltbekanntes Wahrzeichen

DER KINDELSBERGTURM IN KREUZTAL

Weltweit bekannt, das sind nicht viele Wahrzeichen. Der Kindelsbergturm in Kreuztal hat das geschafft. Dennoch wissen viele gar nicht, dass sie den Turm kennen. Komisch, aber wahr, denn der Kindelsbergturm ist Teil des Logos von Krombacher. Ja, genau, das weltberühmte Pils, das im nördlichen Siegerland in Kreuztal-Krombach gebraut wird!

Krombach ist für sein Bier bekannt, dass das Örtchen aber in Siegen-Wittgenstein liegt, ist nicht so verbreitet. Schade, denn nicht nur das Bier ist gut, sondern auch die Landschaft idyllisch. So ist der Kindelsberg ein beliebtes Naherholungsziel und der Turm oben lockt mit einem Restaurant zur Pause sowie einem genialen Panoramablick über die gesamte Umgebung. Hoch hinaus geht es für alle, die nicht nur den Kindelsberg, sondern auch noch die Treppen des Turms hinaufsteigen. Aber es lohnt sich, denn so eine Panoramaaussicht gibt es nicht oft. An guten Tagen geht der Blick sogar bis ins Siebengebirge bei Bonn. Und natürlich wartet unten im Restaurant dann das Bier auf die tapferen Erklimmer von Berg und Turm. Die Terrasse ist einfach nur herrlich, wenn die Sonne lacht und das warme Holz den Rücken der Wanderer wärmt. Die Einkehr im gemütlichen Turm ist ein Genuss für Leib und Seele.

Panoramablick vom Kindelsberg aus

Zahlreiche Wanderwege, die bei entsprechender Muskelkraft oder mit elektrischer Unterstützung auch mit dem Rad befahren werden können, führen rund um den Berg, hinauf und natürlich auch wieder herunter. Die Natur zeigt sich hier von ihrer besten Seite und gewährt zwischen dem dichten Grün auch immer wieder tolle Ausblicke auf die Landschaft. Seit die meisten Fichten dem Borkenkäfer und der Trockenheit zum Opfer gefallen sind, ist die Aussicht hier oben einfach faszinierend. In allen Richtungen sind die sanften Hügel, das Grün der Wiesen und Wälder, kleine Ortschaften und viel Himmelsblau zu sehen. Die Weite,

Picknickplatz mit Aussicht

die die Augen sehen, öffnet auch das Herz, hier oben sind alle Sorgen weit weg.

Ein Weg sticht heraus und ist besonders naturnah und ansprechend, er zeigt den Kindelsberg in allen seinen Facetten und in seiner ganzen Schönheit: der malerische Kindelsbergpfad. Vorbei am Loher Weiher, heute Zufluchtsort für Tiere und Pflanzen, einst Teil der Energieversorgung der Loher Hütten und Hammerwerke, geht es zur Grube Brüche. Sie war von 1722 bis 1891 und dann wieder in den 1930er-Jahren in Betrieb zum Abbau von Brauneisenstein und Spateisenstein. Die drei Stollenmundlöcher, die übereinander liegen, zeugen von dieser Geschichte. Auch die Gruben Wilder Mann, Strumpf, Glücksanfang, Sonnenberg und viele weitere erinnern an die bergbauliche Vergangenheit. Zwischen diesen Zeitzeugen beeindruckt die Natur mit ihrer Schönheit. Auf der Martinshardt, einem 616 Meter hohen Berg, wartet am Gipfelkreuz das Gipfelbuch auf Wanderer. Am Ende des Pfades lockt unten im Tal das kultige Naturfreibad Zitzenbach mit einer kostenlosen Erfrischung.

Und wo liegt jetzt nochmal Krombach? Quasi direkt nebenan, unten am Fuß des Berges. Die Krombacher Brauerei ist eine der modernsten in ganz Europa. Schon mal was vom Krombacher Dreiklang gehört? Hier geht es nicht um Musik, sondern um Harmonien im Geschmack. Ein frisch gezapftes Krombacher Pils, westfälischer Schinken und Krombacher Braustubenbrot – mhmm, da kann niemand widerstehen! Und nach der Führung hat man ja auch Appetit und Lust, das Bier zu probieren, dessen Herstellung man gesehen und auch gerochen hat. Im Anschluss an einen beeindruckenden Film geht es rauf und runter durch die Brauerei, nachdem der kleine Hopfengarten durchquert wurde. Ein Bierexperte führt hinter die Kulissen und zeigt, wie in der weltbekannten Brauerei auf 170.000 Quadratmetern ein echtes Krombacher entsteht. Der Abschluss in der Braustube ist lecker und süffig. Wer Lust hat, sich etwas zur Erinnerung mitzunehmen, findet im Shop nicht nur Bier, sondern auch Bekleidung, Liegestühle, Jutebeutel und sogar Feuertonnen. Natürlich können auch Sonderabfüllungen mit individuellen Etiketten gestaltet werden und für eine Überraschung zum Geburtstag oder anderen Anlässen sorgen.

In der Braustube

Info

Lage: Der Kindelsberg mit dem Turm befindet sich rund zwei Kilometer nordöstlich der Stadt Kreuztal, die etwa zwölf Kilometer nördlich von Siegen liegt.

Adresse: Kindelsberg, Rasthaus Kindelsberg 1, 57223 Kreuztal

Website: *kindelsberg.de*

Aktivitäten:

- Krombacher Erlebniswelt: Hagener Straße 261, 57223 Kreuztal, *krombacher.de* und *erlebniswelt.krombacher.de*
- Naturfreibad Zitzenbach: Nussbaumweg (Wanderparkplatz am Waldrand), 57223 Kreuztal, *siegen-wittgenstein.info/de/poi/freibad/naturfreibad-zitzenbach/43665233*
- Ajeti – Keksfabrikation: Hagener Straße 176, 57223 Kreuztal, *keksfabrikation.de*

Einkehren:

- Hotel-Restaurant Zum Anker: Hagener Straße 290, 57223 Kreuztal, *hotel-zumanker.com*

12 Eine Sage wird wahr

BERGBAUSIEDLUNG UND STOLLEN AUS DEM MITTELALTER

Auf dem Altenberg wurden erste Mauerreste bereits 1963 entdeckt, bei Grabungen zwischen 1970 und 1984 fanden Archäologen Münzen, andere Kostbarkeiten und die Reste einer Siedlung aus dem 13. Jahrhundert – einst wohl eine der bedeutendsten mittelalterlichen Bergbausiedlungen Europas. Eine uralte Sage erinnert an die gottlosen, reichen Bewohner des Altenbergs, die schrecklich endeten.

Einst lebten auf dem Altenberg zwischen Müsen und Littfeld Menschen, die sagenhaft reich war. Sie prassten nur so mit ihrem Geld und waren böse geworden. Sie verachteten Gott und die Menschen und lebten nur noch für das Silber, das sie aus dem Berg holten. Statt den Armen und Kranken zu helfen, fuhren sie Kutschen mit goldenen Rädern und warfen mit silbernen Kugeln nach silbernen Kegeln – kurzum, sie waren selbstsüchtig und geizig, hatten jede Menschlichkeit verloren. Trotz mehrerer Warnungen besserten sich die Bewohner des Altenbergs nicht und wurden daher in einer Feuersbrust zusammen mit ihrer Stadt vernichtet. Gott soll Feuer und Schwefel vom Himmel geschleudert haben.

Infotafel am Lehrpfad

Soweit die Sage vom „Almerich". Fakt ist, dass genau an dieser Stelle, oben auf dem Berg, im Mittelalter eine Stadt stand und auch, dass diese abbrannte. Und die Funde aus archäologischen Grabungen zeigen, dass die Bewohner reich waren. So hatten sie beispielsweise feste Häuser, Kachelöfen und viele Kostbarkeiten in ihrem Besitz, die damals für die meisten Menschen uner-

Ausgrabungsstelle eines Hauses

schwinglich waren. Ihre Häuser hatten sogar gemauerte Keller zur Aufbewahrung ihrer Werkzeuge und der Erze, die sie aus dem Berg holten. Außerdem fanden die Archäologen in den Überresten der zerstörten Siedlung einen Münzschatz – einzelne Münzen sind im Südsauerlandmuseum in Attendorn zu besichtigen. Vor Ort auf dem Altenberg sind noch Gebäudereste, Schächte und imposante Berghalden zu sehen. Den Forschern ist es gelungen, die Stadt anhand der Reste, mithilfe von Markierungen auf dem Boden und Wissenstafeln, so zu rekonstruieren, dass man sich ganz leicht vorstellen kann, wie es hier ausgesehen hat. Beeindruckend, wenn man so über das Gelände schlendert, auf dem heute das Gras hoch wächst und die Heide im Herbst lilafarbene Tupfen setzt.

Das Ausgrabungsgelände mit Turm

Wandert man durch diese besondere Kulturlandschaft – wieder und wieder geformt vom Menschen – sollte man den Blick auch auf den Boden richten. Steine mit glitzernden Einschlüssen sind oft zu finden.

Manche blinken metallisch, andere funkeln wie Kristall. Wer weiß, welche Schätze sich hier noch verbergen?

Einen Rundumblick gewährt der Turm im rostigen Outfit, der auf der höchsten Stelle thront. Er ist in Größe und Form dem Wehrturm nachempfunden, der hier im 13. Jahrhundert über die mittelalterliche Bergbausiedlung wachte. Seit 2020 gibt es den Lehrpfad Bergbausiedlung Altenberg, der in die Vergangenheit entführt.

Blick vom Turm

Info

Lage: Die Mittelalterliche Bergbausiedlung Altenberg liegt etwa sechs Kilometer nördlich von Kreuztal.

Adresse: Mittelalterliche Bergbausiedlung Altenberg, Müsener Straße/Littfelder Straße, 57223 Kreuztal

Website: *stahlbergmuseum.de/bergbausiedlung-altenberg*

Aktivitäten:

- Stahlbergmuseum Müsen: Auf der Stollenhalde 4, 57271 Hilchenbach, *stahlbergmuseum.de/museum*

13 Silber und andere Schätze

TIEF UNTER DIE ERDE IM STAHLBERGMUSEUM MÜSEN

Weiter und immer weiter geht es in den Berg – unter Tage im Stahlbergmuseum Müsen. Es wird angenehm kühl, dann irgendwann ziemlich kalt. Feucht ist es sowieso, ständig tropft es von oben und seitlich an den Wänden rinnt das Wasser herab. Der Helm drückt, ist aber aus Sicherheitsgründen nötig – das zeigt sich schnell, als der erste aus der Gruppe an der Decke anstößt.

Zum Glück bleibt es bei einem „Klonk" ohne weitere Blessuren, ohne den Schutz wäre das wohl anders ausgegangen. Selbst die frühen Bergleute trugen Helme hier unten, manchmal nur aus Leder. Wogegen wenig hilft, das sind die Kälte und die Nässe. Sie dringen durch die Kleidung und bald fühlt sich alles klamm an. Aber das ist schnell vergessen, wenn nach scheinbar unendlicher Wanderung durch die Tiefe des Berges der große Raum erreicht ist, der die damaligen Arbeiten so eindrucksvoll zeigt.

Ein paar Meter Tunnel, das bedeutete mehrere Wochen oder Monate harte Arbeit, jeder Zentimeter musste dem Gestein abgerungen werden. Schwer vorstellbar, dass die Bergleute hier unten – in der ewigen Kälte, Feuchte und Finsternis – so Gewaltiges vollbrachten. Die Erzgrube Stahlberg bot Generationen von Bergleuten Arbeit – bis 1931 wurden hier Eisen, Silber und andere Schätze abgebaut. Die Klingen der bekannten Messer aus Solingen wurden lange Zeit nur aus Material aus Müsen gefertigt, weil es so hochwertig war.

Eine interessante Reise in die Vergangenheit ist es, wenn man den Stollen des Besucherbergwerks betritt. Richtig abenteuerlich und faszinierend wird es unter Tage. Der Eingang ist relativ unspektakulär, schnell ist man in der nasskalten Enge des Ganges angekommen, aber der Führer erzählt so eindringlich und spannend, dass das schnell in den Hintergrund gerät. Nur wer Angst vor Enge hat, sollte sich lieber nicht durch das Mundloch wagen.

Tunnelgang

Zeugnis harter Arbeit

Das heutige Besucherbergwerk ist auf unglaublichen 380 Meter Länge begehbar. Wirkt auf Anhieb nicht viel, aber unter Tage in der Enge und im Halbdunkel scheint es ewig zu dauern, bis man an der eisernen Treppe angekommen ist. Diese führt bei 320 Metern unter Tage zum sogenannten Gestellsteinbruch, wo Bruchsteine abgebaut wurden, die zur Mauerung von Hochöfen, aber auch zur Ausmauerung des Stollens selbst verwendet wurden. Übrigens sind es hier nur noch 24 Meter bis zur Oberfläche. Oder sollte man sagen, man ist ganze 24 Meter tief unter der Erde? Fakt ist, es ist absolut faszinierend, diese Jahrhunderte währende Bergbautradition so unmittelbar kennenlernen zu können. Der älteste schriftliche Beweis, dass in Müsen Bergbau betrieben wurde, ist eine Zollvereinbarung vom 4. Mai 1313! Und sicherlich liegen die Anfänge hier auf dem „Stenberg zu Muzen", wie der Steinberg von Müsen in der Urkunde genannt wird, noch deutlich weiter zurück.

Die Uniform der Bergmänner

Im ehemaligen Bethaus, direkt neben dem Grubeneingang, gibt es eine sehr anschauliche Konstruktion von mehreren durchsichtigen Platten, auf welche die einzelnen Stollen, Gruben und Schächte aufgezeichnet und wie in der Realität geschichtet sind. Hier wird deutlich, wie sehr die Landschaft untergraben ist, wie weit die Tunnel reichen. Das Museum wurde bereits 1924 eingerichtet, als die Grube noch in Betrieb war, sodass sehr viele Exponate aus dieser Zeit erhalten sind. Und natürlich wurde auch immer weiter gesammelt. Heute sind auf zwei Etagen nicht nur Kleidung, Werkzeuge, Siegerländer Mineralien und verschiedenste Nachbildungen von Gerätschaften zu bestaunen, sondern auch Dokumente aus dem Alltag des Müsener Bergbaus.

Das ehemalige Bethaus

Info

Lage: Hilchenbach liegt etwa 18 Kilometer nördlich von Siegen.

Adresse: Stahlbergmuseum Müsen, Auf der Stollenhalde 4, 57271 Hilchenbach

Website: *stahlbergmuseum.de*

Aktivitäten:

- Mittelalterliche Bergbausiedlung Altenberg: Müsener Straße/Littfelder Straße, 57223 Kreuztal, *stahlbergmuseum.de/bergbausiedlung-altenberg*
- Buschhüttener Eisenhammerweg: Rundwanderweg mit Einblicken in die Eisenverarbeitung der Region, Start am SGV-Wanderparkplatz „Friedhof“; Zum Bergelchen, 57223 Kreuztal, *siegen-wittgenstein.info/de/tour/themenweg/buschhuettener-eisenhammerweg/58996480*

14 Wasser und Kalorienpfad

BARRIEREFREI UM DIE BREITENBACHTALSPERRE

Mit dem Rad um den See rollen oder auf Skates, mit dem Kinderwagen oder Rollator – egal, welche Art von Reifen oder Rädern: An der Breitenbachtalsperre in Hilchenbach geht es auf 5,3 Kilometern barrierefrei um den See. Entlang des Weges informieren Tafeln über die Trinkwassergewinnung im Siegerland und die enorme Bedeutung des Wassers für den menschlichen Körper.

Die Breitenbachtalsperre in Hilchenbach zwischen den Stadtteilen Allenbach und Dahlbruch ist die zweitgrößte Talsperre in Siegen-Wittgenstein. Da die Talsperre der Trinkwassergewinnung dient, darf hier weder gebadet noch getaucht oder mit Booten gefahren werden. Das tut der Beliebtheit des (künstlich angelegten) Sees aber keinen Abbruch, denn die Breitenbachtalsperre ist ein richtiges Plus für die Freizeitgestaltung. Egal, ob man zu Fuß unterwegs ist oder auf Rollen, hier findet sich für alle ein Weg. Gemütlich spazieren auf der Tour um die Talsperre ist erholsam – nach der Staumauer, die in der Sonne liegt, geht es durch den schattigen Wald, der auch an den heißesten Sommertagen Abkühlung verspricht. Da der Weg komplett asphaltiert ist, kann man auch im Herbst oder Winter seine Runde drehen, ohne im Schlamm zu versinken. Perfekt auch für die Kleinen, die den Roller oder ihr Rad mitnehmen wollen, um sich auf dem Spaziergang nicht zu langweilen.

Wem die Strecke nicht abwechslungsreich genug ist, der kann auf den nahen Kalorienpfad ausweichen, der auf rund sieben Kilometern ebenfalls einmal um das Wasser führt. Dieser Pfad verlässt den geteerten Hauptweg immer wieder und führt über urige Waldwege. Unterwegs wechseln sich schöne Ausblicke und herrliche Ruhe inmitten der Bäume ab. Natürlich macht der Kalorienpfad seinem Namen auch alle Ehre und führt zu zehn Erlebnisstationen, die zum Auspowern auffordern. Nicht nur der Weg sorgt für das Verbrennen von Kalorien, zusätzliche Bewegung fordern die zehn Fitnessstationen.

Fitnessstation

Blau und Grün ergänzen sich hier wunderschön

Das Alte Wärterhaus lädt zur Rast ein

Eine Einkehr im Alten Wärterhaus, direkt am Parkplatz und der Staumauer gelegen, sorgt dafür, die verlorenen Kalorien lecker wieder zurückzubekommen. Gerade bei schönem Wetter sollte man vorab reservieren, da die Plätze im Wärterhaus mit seiner herrlichen Sonnenterrasse und dem gemütlichen Ambiente immer schnell besetzt sind.

Info

Lage: Die Breitenbachtalsperre liegt etwa zwei Kilometer südwestlich von Hilchenbach.

Adresse: Breitenbachtalsperre, Talsperrenstraße (Parkplatz am Ende der Straße), 57271 Hilchenbach

Website: *siegen-wittgenstein.info/de/poi/parkplatz/wanderparkplatz-breitenbachtalsperre/26458279*

Einkehren:

- Altes Wärterhaus: Talsperrenstraße 46, 57271 Hilchenbach, *altes-waerterhaus.eatbu.com*

15 1A unterwegs

NATUR UND GANZ VIEL GESCHICHTE RUND UM DIE GINSBURG

Leise zwischen den Bäumen hindurchschleichen, bloß nicht den Raubritter Hans auf sich aufmerksam machen. Wer im Wald rund um die sagenumwobene Ginsburg unterwegs ist, sollte besser vorsichtig sein! Die vielen Sagen und Märchen, die erzählt werden, haben natürlich einen wahren Kern oder beruhen auf historischen Gegebenheiten, heute aber droht keine Gefahr mehr.

Sehr lebendig ist die Legende vom Raubritter Hans Hübner aber immer noch. Johann Hübner war ein gesetzloser und gefürchteter Räuber, der sich an der Ginsburg, der Grenze zwischen Siegerland und Wittgenstein, mit seiner Bande im Wald versteckt hielt. Es heißt, er habe nur ein Auge gehabt und wilde Haare und einen zottigen Bart. Er war in Eisen gekleidet und ritt auf einem schwarzen Pferd. Man sagt, um Mitternacht könne man den Hans im Wald rund um die Ginsburg herumgeistern sehen ... Fakt aber ist, einmal im Jahr ist er wirklich da. Zusammen mit seiner Bande, wilde Frauen und ehrlose Männer, die dann im Rahmen von KulturPur Mitmach-Abenteuer für Kinder anbieten. Furchtlose Jungritter und tapfere Burgfräulein sind eingeladen, sich dem Raubzug anzuschließen. KulturPur, ein internationales Musik- und Theaterfestival auf der Ginsberger Heide, wird jährlich an Pfingsten veranstaltet und ist inzwischen längst kein Geheimtipp mehr. Eine wunderschöne, atmosphärische Zeltlandschaft sorgt für Flair, Künstler aus aller Welt für beste Unterhaltung. Nachmittags findet draußen ein kostenloses Mitmachprogramm für Jung und Alt statt und natürlich muss auch niemand hungrig oder durstig bleiben. 65.000 Besucher waren bei der 31. Auflage des Festivals „auf dem Giller", wie die Ginsberger Heide von den Einheimischen genannt wird.

Die Zeltlandschaft von KulturPur

Der Gillerbergturm

Unter dem Jahr ist es auf der Ginsberger Heide ruhig. Perfekt, um sich zu entspannen und eine fabelhafte Wanderung zu machen. Übrigens wurde 2001 an der Ginsburg auch der bekannte Rothaarsteig eröffnet und dessen 20. Geburtstag wurde ebenfalls hier gefeiert. Das Ausflugsziel Ginsburg bietet nicht nur Geschichten, sondern auch Geschichte und es gibt viel zu entdecken an der Ruine. Die 1A Familientour verbindet alle spannenden Plätze der Ginsberger Heide. Unterwegs geht es auf hohe Türme, in die alten Burgmauern und nach Abstechern durch den dichten Wald zu abenteuerlichen Spielplätzen. Der Ausblick vom Turm der Ginsburg ist atemberaubend. Wenn das Wetter mitspielt, kann man nicht nur Rothaargebirge, Siegerland und südliches Sauerland sehen, dann erspäht man in der Ferne Siebengebirge und Hocheifel. Diese ausgezeichnete und strategisch günstige Lage im Kreuzungspunkt verschiedener Fern- und Handelsstraßen war in früheren Zeiten wichtig. Im 12. Jahrhundert wurde die Burg als nassauische Grenzfeste errichtet, erstmalig erwähnt in einer Urkunde vom 27. April 1292. Die Oranier haben ebenfalls ihre Spuren auf dem Burgberg hinterlassen und damit ist die Ginsburg auch ein Zeitzeugnis der Geschichte Europas. Von diesem geschichtsträchtigen Ort aus plante Wilhelm I von Oranien-Nassau die Befreiung der Niederlande von der spanischen Herrschaft. 1568 starteten die Vorbereitungen für den Feldzug „Des Schweigers“ und vier Jahre später sammelte er an der Ginsburg seine Truppen – damit begann der Achtzigjährige Krieg.

Das Trauzimmer in der Ginsburg

Zum Glück ist die Burg heute friedlichen Ideen gewidmet. Sie ist deutsch-niederländische Gedenkstätte, Ausstellungsraum und natürlich ein beliebtes Ausflugsziel mit dem markanten Turm, der so ein wunderbarer Aussichtspunkt ist. Darüber hinaus bietet die Ruine ein Grünes Klassenzimmer und ist außerschulischer Lernort. Die Burg soll saniert und zur barrierefreien Höhenburg umgebaut werden – damit Oma und Opa mitkommen können, wenn die Liebe ruft. Denn der beste Gegensatz zur kriegerischen Vergangenheit ist die Tatsache, dass die Ginsburg heute auch ein Trauzimmer beherbergt und bei Brautpaaren sehr beliebt ist. Von Hass zu Liebe, was für eine märchenhafte Wandlung!

Info

Lage: Die Ruine der Ginsburg steht rund drei Kilometer südöstlich von Hilchenbach.

Adresse: Ginsburg, Schlossberg 1, 57271 Hilchenbach

Websites:

- *dieginsburg.de*
- *schlossberg-raubritter.de*
- *kulturpur-festival.de*

Aktivitäten:

- 1A Familientour: Start am Wanderparkplatz Giller, *entdecke.dein-nrw.de/de/dein-nrw/streaming/detail/Tour/t_100266051/1a-familientour*
- Audioweg Ginsburger Heide: Voraussetzung ist ein Smartphone mit QR-Code-Reader oder entsprechender Kamera, um an den einzelnen Stationen Infos zu erhalten; Start und Ende am Hof Ginsberg, Sportplatz, 57271 Hilchenbach, *hilchenbach.de*
- GINsburg Gin: Tasting ab acht Personen; *ginsburg.info*

Einkehren:

- Ginsburgschänke: direkt an der Burg; Schlossberg 1, 57271 Hilchenbach, *siegen-wittgenstein.info/de/gastro/hilchenbach/ginsburgschaenke/28780669*
- Hotel-Restaurant Ginsberger Heide: Hof Ginsberg 2, 57271 Hilchenbach, *hotel-ginsberger-heide.de*

16 Paradies für Pflanzenliebhaber

KRÄUTEREY LÜTZEL

Nie gehört, keine Ahnung, wie man die Pflanzen pflegen soll und wo sie am besten wachsen? Kein Problem, denn Monika Massow liebt ihre Pflänzchen und möchte, dass sie gut versorgt sind im neuen Heim. Ihre Tipps sind Gold wert und trotzdem gratis. Ob für das Gartenbeet, den Balkon oder das Wohnzimmer – in der Kräuterey findet sich für jeden Ort, jeden Geschmack und jede Duftrichtung das perfekte Grün. Nicht nur Minze gibt es in zahlreichen Varianten, sondern auch Tagetes, Basilikum, Chili- und Peperonipflanzen. Mehr als 20 verschiedene Sorten Tomaten sorgen für Begeisterung. Seltenere Kräuter wie Salbei, Zitronenverbene oder Pimpernelle machen das Sortiment der Kräuterey perfekt.

Im kuschelig warmen Gewächshaus duftet hier die Basilikumpflanze, dort die Minze. Wobei es nicht nur „normale" Minze gibt, sondern einige Sorten mehr wie Schokominze oder Erdbeerminze. Der Eukalyptus begeistert mit seinen wunderschönen silbrig glänzenden runden Blättern und setzt einen optischen Akzent. Schnittlauch kennen die meisten, in der Kräuterey Lützel gibt es sogar Schnittknoblauch.

Die Auswahl scheint schier unerschöpflich und zu jedem Töpfchen weiß Monika Massow etwas zu berichten. Wie man Ableger zieht, welche Sorten winterhart sind oder welchen Standort sie gerne mögen. Den jungen Pflanzen sieht man an, dass sie mit Liebe großgezogen worden sind. Die vielen Tipps und Hinweise machen es auch Anfängern und ungeübten Hobbygärtnern einfach, sich die passenden Gemüsesorten, Kräuter oder Sträucher auszusuchen. Selbst besondere Schönheiten wie Olivenbäumchen oder Aloe Vera warten auf die Besucher.

Hier wird gerne gefeiert

Einige wenige ausgesuchte Geschenkartikel wie zum Beispiel Karten mit Samen darin und Honig aus eigener Produktion hüpfen immer gerne noch mit in den Einkaufskorb. Wer länger verweilen möchte, kann die Kräuterey Lützel als Eventlocation buchen, Geburtstag feiern und fröhliche Stunden inmitten der duftenden Kräuter verbringen. Manchmal treffen sich auch Freundinnen aus verschiedenen Richtungen hier im Gewächshaus, plaudern gemütlich in einer Ecke, genießen die besondere Atmosphäre und fahren am Ende glücklich und mit neuen Kräutern im Gepäck wieder nach Hause. Eine kleine Auszeit in der Heimat.

Hübsche Karten sind immer beliebt

Info

Lage: Lützel liegt rund vier Kilometer südöstlich von Hilchenbach.

Adresse: Kräuterey Lützel, Im Stillen Winkel 14, 57271 Hilchenbach

Website: *kräuterey-lützel.de*

17 Der „Weg der Sinne“

ENTSPANNT WANDERN AUF DEM ROTHAARSTEIG

Einfach mal die Zeit vergessen, entschleunigen, ganz auf sich konzentriert sein und die Natur genießen. Über weiches Gras laufen, über grüne Höhen, an schroffen Felsen, knorrigen Bäumen und malerischen Dörfern vorbei. Der Rothaarsteig zeigt sich auf etwa 155 Kilometer Länge in seiner ganzen Pracht – kein Wunder, dass viele ihn als einen der schönsten Höhenwege Europas bezeichnen.

Ganze 2500-mal zeigt ein gemaltes oder geklebtes liegendes weißes R auf dunkelrotem Grund, wo der Rothaarsteig verläuft, weitere 7500 Markierungen gibt es an den hundert Zugangswegen und nochmal mehr als 1000 an den 14 Rothaarsteig-Spuren. Der auch als „Weg der Sinne" bekannte Fernwanderweg führt von Brilon im Sauerland quer durch das Rothaargebirge, durch Wittgenstein und Siegerland in Nordrhein-Westfalen bis ins hessische Dillenburg und streift zwischendrin noch den Westerwald in Rheinland-Pfalz. Drei Bundesländer, sechs Landkreise und 26 Kommunen! Die ganze Strecke auf einmal zu laufen, würde rund 97 Stunden dauern und man müsste 2894 Meter Aufstieg bewältigen und auch 3123 Meter absteigen. Ein bisschen viel auf einmal und auch nicht entspannt! Zum Glück gibt es Etappen und auch noch die 14 Rothaarsteig-Spuren – Rundwanderwege, die sich an ein oder zwei Tagen gut erwandern lassen. Die Originalwanderung hat acht Etappen, für die Gemütlichen gibt es eine Variante mit zwölf Abschnitten und für die Sportlichen ist eine Verkürzung auf nur sechs Streckenteile möglich. Wer sich unsicher ist, kann sich am Info-Telefon individuell beraten lassen oder gleich eine Tour mit einem Ranger mit dem markanten breitkrempigen Hut buchen, der über den Rothaarsteig führt und unterwegs viel Wissenswertes erzählt.

Das liegende R zeigt die Richtung an

Natürlich führt der Rothaarsteig über den Kamm des namensgebenden Rothaargebirges. Von Brilon aus geht es über den höchsten Berg in Nordrhein-Westfalen, den Langenberg mit seinen 843 Metern. Nur einen Meter kleiner ist der Kahle Asten in Winterberg, der ebenfalls auf der Strecke liegt. Auch zahlreiche Quellen säumen den Rothaarsteig: Fängt man in Brilon an zu wandern, kommt man unter anderem an den Quellen von Ruhr, Lenne, Lahn, Sieg und Eder vorbei. Wasser, Wald und Wanderung verbinden sich im Rothaargebirge zu einem stimmungsvollen Ganzen. Jede Jahreszeit hat hier oben ihre ganz besonderen Reize, die Landschaft zeigt sich immer wieder in neuer Schönheit.

Immer noch zu viel, zu weit, zu lang? Die Rothaarsteig-Spuren sind ideal für Halb- und Ganztagestouren am „Weg der Sinne". Sie sind als Rundwege konzipiert, die den gleichen Start- und Zielort haben. Diese lokalen, abwechslungsreichen Touren sind mit einem weißen liegenden R auf schwarzem Grund gezeichnet. Insgesamt gibt es 14, sechs liegen in Siegen-Wittgenstein. Als kleinen Ansporn gibt es sogar einen Wanderpass für die Rothaarsteig-Spuren: eine Spur erwandern und den Pass an einer Einkehrmöglichkeit oder Touristinformation am Weg stempeln. Wer mindestens acht Spuren erwandert hat, erhält eine Urkunde und einen Pin und landet zudem im Topf für die jährliche Verlosung von schönem, praktischem Zubehör für den nächsten Wanderurlaub.

Kleine Schätze am Wegesrand

Schon seit mehr als 20 Jahren begeistert der Rothaarsteig seine Wanderer. Nicht mal der Jahrtausend-Orkan Kyrill im Jahr 2007 oder die immer noch aktuelle Borkenkäferplage und ihre Folgen haben seiner Beliebtheit geschadet. Die Natur verändert sich immer wieder, manchmal sieht es schlimm aus. Und für viele ist es auch schrecklich, weil sie vom Wald und dem Holz leben. Gleichzeitig entstehen neue Freiflächen mit Ausblicken, die es noch nie gab und die atemberaubend sind. Hoffnung macht der Anblick der damaligen Kyrill-Flächen, die heute wieder voller Leben sind, ganz in Grün, und oft einen zauberhaften jungen Wald mit großer Artenvielfalt beheimaten. Magisch schön sind die Bereiche, in denen sich der Fingerhut ausbreitet und im Sommer in allen Varianten von Lila und Magenta leuchtet, bevor später Büsche und Bäume wachsen.

Bezaubernde Natur

Info

Lage: Der Rothaarsteig führt von Brilon (NRW) im Sauerland quer durch das Rothaargebirge, durch Wittgenstein und Siegerland in Nordrhein-Westfalen bis ins hessische Dillenburg.

Website: *rothaarsteig.de*

Aktivitäten:

- Wandern mit Rangern: *wald-und-holz.nrw.de/wald-erleben/ranger*

Mittleres Siegerland – Freudenberg und Netphen

Alter Flecken Freudenberg

Mittleres Siegerland – Freudenberg und Netphen

18. Süß, süßer, am besten: Café Zuckerpuppen verzuckert Sonntage
19. Schmuckstücke in Schwarz-Weiß: Der Alte Flecken in Freudenberg
20. Wat is en Dampfmaschin?" Die Antwort gibt es im Technikmuseum Freudenberg
21. Hier leuchten nicht nur Kinderaugen: Südwestfälische Freilichtbühne Freudenberg
22. Obernautalsperre: Versunkene Dörfer, blaue Weite und grüne Natur
23. Mitten im Wald: Forsthaus Hohenroth begeistert mit Idylle
24. Dritter Ort, zweiter Stern – zweites Wohnzimmer Q: Kultur- und Begegnungsort im Zentrum von Deuz
25. Holz, Feuer und ganz viel Rauch: Köhler in Walpersdorf
26. Im mystischen Reich der Quellen: Wo Sieg, Lahn und Eder entspringen
27. Die größte in Südwestfalen: Die Wasserburg in Hainchen
28. Schumachers Ferrari bestaunen: The Loh Collection lädt ein

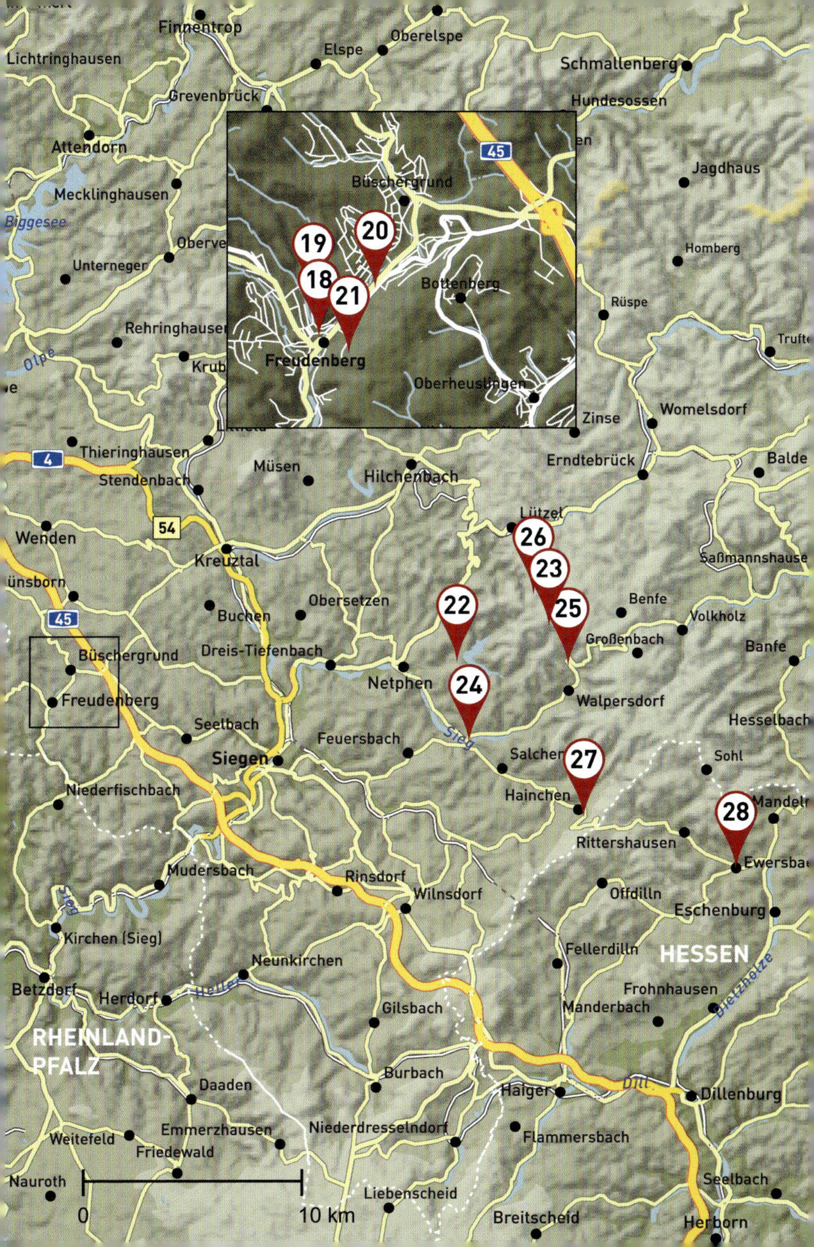

Finnentrop
Oberelspe
Elspe
Lichtringhausen
Schmallenberg
Grevenbrück
Hundesossen
Attendorn
45
Büschergrund
Jagdhaus
Mecklinghausen
Biggesee
20
19
Oberve
Homberg
Unterneger
18
Bottenberg
21
Rüspe
Rehringhausen
Trufte
Olpe
Krub
Freudenberg
Oberheuslingen
Zinse
Womelsdorf
4
Thieringhausen
Müsen
Erndtebrück
Balde
Stendenbach
Hilchenbach
54
Lützel
Wenden
26
Kreuztal
23
Saßmannshause
ünsborn
22
Benfe
Obersetzen
25
Volkholz
45
Buchen
Großenbach
Banfe
Büschergrund
Dreis-Tiefenbach
Netphen
24
Walpersdorf
Freudenberg
Seelbach
Hesselbach
Feuersbach
Sieg
Siegen
Salchen
27
Sohl
Niederfischbach
Hainchen
Mandel
28
Rittershausen
Ewersba
Mudersbach
Rinsdorf
Offdilln
Wilnsdorf
Eschenburg
Sieg
Kirchen (Sieg)
Neunkirchen
Fellerdilln
HESSEN
Betzdorf
Herdorf
Heller
Frohnhausen
Manderbach
Dietzhölze
Gilsbach
RHEINLAND-PFALZ
Burbach
Daaden
Haiger
Dill
Dillenburg
Emmerzhausen
Niederdresselndorf
Weitefeld
Flammersbach
Friedewald
Nauroth
Seelbach
Liebenscheid
0
10 km
Breitscheid
Herborn

18 Süß, süßer, am besten

CAFÉ ZUCKERPUPPEN VERZUCKERT SONNTAGE

Süß, süßer und noch süßer und richtig lecker dazu! Wenn das Café Zuckerpuppen in Freudenberg seine Türe öffnet, sind alle Leckermäuler, Zuckerschnütchen und Kaffeetanten, Kuchenesser und Tortenliebhaber willkommen. Hausgemachte Leckereien zusammen mit einem frisch aufgebrühten Kaffee oder Tee und das alles in der gemütlichen Atmosphäre des Ofenstudios Rüegg.

Ofenstudio? Was hat das denn mit einem Café zu tun? In Freudenberg gehen beide Hand in Hand und das Ergebnis ist einfach zauberhaft. Oder sollte man sagen zuckerhaft? Jeden ersten Sonntag im Monat von 13 bis 18 Uhr verwandeln die beiden „Zuckerpuppen" Sophie Madeleine Wachter und Caroline Greta Kray das Kamin- und Ofenstudio in der Oranienstraße 14 im Herzen von Freudenbergs Altstadt, direkt am Alten Flecken, in das Café Zuckerpuppen. Ofenstudio mal ganz anders!

Und diese Verwandlung gelingt bestens. Schon an der Tür hört man die leise Loungemusik, die Kaffeehaus-Flair bis auf die Straße bringt. Es hört sich nicht nur gemütlich an, es ist auch ganz kuschelig und herrlich entspannt. Ein paar Tassen klappern, eine Gabel klimpert und leise Unterhaltungen und ein etwas lauteres Lachen sind zu hören. An manchen Tischen herrscht Schweigen – weil gerade der Kuchen oder die Tortenstücke serviert worden sind und die ersten Bissen auf der Zunge zergehen. Der perfekte Ort, um einen Sonntagnachmittag zu verbringen, vor allem an grauen, trüben oder kalten Tagen, wenn die Kamine Wärme und Behaglichkeit verbreiten. Scheint die Sonne, lockt der kleine Garten mit weiteren Sitzmöglichkeiten.

Die Torten und Kuchen backen und kreieren die beiden „Zuckerpuppen" selbst. Das sieht man auch, das Gebäck ist nämlich wunderschön und gekonnt verziert, immer passend zur Sorte. Und die Auswahl ist riesig: Apfelweinsahnetorte, Himmelstorte, Birnennusssahnetorte, Vanillebuttercreme, Spekulatiustorte, Mousse au Chocolat-Torte, Schwarzwälder Kirsch und viele mehr. Mhmm, wie das schmeckt! Eine Geschmacksexplosion!

Geniales Café im Ofenstudio

Einfach lecker

Info

Lage: Freudenberg liegt etwa 13 Kilometer westlich von Siegen.

Adresse: Café Zuckerpuppen (im Rüegg Ofenstudio), Oranienstraße 14, 57258 Freudenberg

Website: *rueggstudio-freudenberg.de/ueber-uns/cafe-zuckerpuppen*

19 Schmuckstücke in Schwarz-Weiß

DER ALTE FLECKEN IN FREUDENBERG

Wunderschöne Muster, alte Balken, kleine Häuschen in malerischen Gassen, bunte Blumen neben den gepflasterten Straßen, Vorhänge aus Omas Zeiten, ein Fahrrad, Lachen aus einem offenen Fenster. Leben pur mitten in der Altstadt. Schwarz-Weiß dominiert, wirkt aber niemals eintönig, langweilig oder gar altmodisch. Der Alte Flecken begeistert mit seiner Fachwerkoptik immer wieder aufs Neue.

Wir alle sind heute bunte Farben, oft grell und fast schon unerträglich schrill, bewegte Bilder und Lautstärke gewohnt. Der Alte Flecken, Freudenbergs Altstadt, dagegen präsentiert sich in edlem Schwarz-Weiß, ein bisschen zurückhaltend und gleichzeitig so ansprechend. 80 wunderschöne Fachwerkhäuser stehen hier dichtgedrängt in Reih und Glied – damit ist Freudenberg eine der sehenswertesten Altstädte in Südwestfalen und auch weit darüber hinaus.

Das 4Fachwerk Mittendrin-Museum

Einzelne bunte Blüten vor den Häuschen sind das Tüpfelchen auf dem i, wenn man durch die Gässchen schlendert. Wer genauer schaut, sieht, dass Fachwerk nicht gleich Fachwerk ist. Verschiedene Muster zieren die Häuser. Bauweisen und Giebel variieren, ebenso wo die Balken wie verlaufen. Schon mal den „Wilden Mann" gesehen? Ach ja, die Balken im Fachwerk scheinen wie ein Mann Arme und Beine zur Seite zu strecken! Der Fachwerkweg Freudenberg mit Start gleich um die Ecke an der Burgstraße zeigt Wissenswertes zu der besonderen historischen Bauweise des Fachwerks.

Warum stehen im Alten Flecken die Häuser eigentlich so schön geordnet? Der 9. August 1666 war ein schwarzer Tag in Freudenberg. Durch einen Blitzeinschlag brannte die Stadt – wieder einmal. Zum Glück waren die Einwohner auf den Feldern oder im Wald arbeiten und niemand wurde verletzt. Allerdings stand nur noch ein Haus, alle anderen und die Burg waren den Flammen zum Opfer gefallen. Landesherr Fürst Johann Moritz von Nassau befahl den Wiederaufbau Freudenbergs. Auf den übrig-

Ab durch die Gasse!

gebliebenen Grundmauern und Gewölben wurden die Häuser nach dem bisherigen Straßenbild wieder errichtet. Von der Burg war nur der Wehrturm übriggeblieben, der heute Teil der Kirche ist. Zum Glück überstand der historische Stadtkern den Zweiten Weltkrieg fast unversehrt und strahlt heute noch als Fachwerkidylle wie im 17. Jahrhundert erbaut. Eine schnelle Zeitreise ins Mittelalter mit den Nachtwächtern Frieder und Richard ist spannend. Auf ihren Führungen demonstrieren sie den abendlichen Rundgang durch die verwinkelten Gassen, gerüstet mit Hellebarde, Horn und Lampe. Wer sie begleitet, erfährt mehr über die historische Fachwerkstadt, die Konstruktion der Häuser und den Raub der Kriegskasse.

Inmitten des kleinen Häusermeers präsentiert das 4Fachwerk Mittendrin-Museum als lebendiger Treffpunkt Kunstausstellungen, Lesungen und vieles andere mehr. In der Mittelstraße 4 laden auf vier Etagen vier Bereiche zum Staunen, Entdecken, Mitmachen und Freuen ein.

Gerade der Blick von oben auf das Gesamtensemble Alter Flecken ist bezaubernd. Nur wenige Meter über die Treppen hinauf in den Kurpark gehen und den berühmten Fotoblick genießen! Genau diese Ansicht ist auch in vielen Kalendern oder auf Postkarten abgedruckt und weltweit bekannt. Selbst aus Asien und Amerika kommen die Touristen, um den Alten Flecken und seine Idylle zu bestaunen. Der Kurpark bietet sich auch für eine Pause an, denn hier im Grünen sitzt es sich herrlich.

Fachwerkidylle pur

Info

Lage: Die Stadt Freudenberg liegt rund 15 Kilometer westlich von Siegen, direkt an der A45.

Adresse: Alter Flecken, Historische Altstadt Freudenberg, Kölner Straße, 57258 Freudenberg

Aktivitäten:

- 4Fachwerk Mittendrin-Museum: Mittelstraße 4-6, 57258 Freudenberg, *4fachwerk.de*

Einkehren:

- Hotel zur Altstadt: Oranienstraße 41, 57258 Freudenberg, *mybusinesshotel.de*
- Café Stadtblick im Kurpark, Am Schieferacker 100, 57258 Freudenberg, *cafestadtblick.de*

20 „Wat is en Dampfmaschin?"

DIE ANTWORT GIBT ES IM TECHNIKMUSEUM FREUDENBERG

Es gab Zeiten, da galten Dampfmaschinen als die Errungenschaft moderner Technik. Man glaubte, mit ihnen fast alles erreichen zu können. Heute sind sie oft fast vergessen. Aber im Technikmuseum in Freudenberg kann so ein altes Schätzchen noch bestaunt werden – und das Beste daran? Die Dampfmaschine tut noch genau das, was sie tun soll! Sie dampft und treibt Maschinen an!

Ganz schön viel zu entdecken

Schon von draußen hört man das Stampfen der Maschine, das Ächzen der Treibriemen und das Knarren. Innen drängen sich schwarze und weiße Fließen auf dem Boden aneinander und sorgen für altmodischen Charme. Es riecht nach heißem Öl, die Motoren rattern und die Dampfmaschine sorgt mit einem Zischen für ihren Auftritt. Der Blick saugt sich regelrecht fest an der mächtigen Maschine, die eindrucksvoll den Raum einnimmt. Das Schwungrad glänzt metallisch, Dampf verteilt sich und einige Münder stehen staunend offen. Das Technikmuseum Freudenberg zeigt hautnah, wie es vor gut hundert Jahren in einem Siegerländer Industriebetrieb ausgesehen hat. Und das Entdecken beschränkt sich hier nicht auf Infotafeln, sondern es ist ausdrücklich erlaubt

Dat is en Dampfmaschin!

Kleine Schmuckstücke

und erwünscht, mitzumachen und die Ausstellungsstücke anzufassen. Die vielen wunderschönen alten Sachen laden regelrecht dazu ein, zu verweilen, sich mit ihnen zu beschäftigen und tief in die Vergangenheit abzutauchen.

Mechanik ist kompliziert? Hier nicht, denn man kann ja alles mit den eigenen Augen ansehen, mit den Händen berühren, nochmal schauen und dann verstehen, wie es funktioniert. Und es ist auch immer jemand da, der erklären kann, wie die alten Wunderwerke arbeiten. Und auch, wozu man sie brauchte, denn für moderne Augen ist das nicht immer klar – gerade, wenn die Gäste noch sehr jung sind. Kein Wunder, dass das Museum auch außerschulischer Lernort ist.

So sah es früher aus

Kirmes im Miniformat

Neben der sehenswerten Technik locken jedes Jahr zahlreiche Veranstaltungen ins Technikmuseum. Natürlich laufen die Maschinen immer, wenn das Museum geöffnet hat, aber das Treffen historischer Fahrzeuge, Schmiedefeste oder die Weihnachtswerkstatt sind schon ganz besondere Leckerbissen im Terminkalender. Schmieden, spinnen oder weben – mitmachen kann jeder, der sich in diesen oder anderen Disziplinen schon immer mal ausprobieren wollte.

Gerade erst hat das Technikmuseum eine Förderung des Landes Nordrhein-Westfalen zugesagt bekommen und kann nun die in die Jahre gekommene Ausstellung zur Freudenberger Wirtschaftsgeschichte überarbeiten und erweitern. Ziel ist es, mit moderner Museumsdidaktik und digitalen Medien die Siegerländer Industriekultur anschaulich, packend und mit erzählerischen Elementen zu präsentieren. Das Museum mit der alten Technik macht sich weiterhin auf den Weg in die Zukunft.

Info

Lage: Freudenberg liegt rund 15 Kilometer westlich von Siegen, direkt an der A45.

Adresse: Technikmuseum Freudenberg, Olper Straße 5, 57258 Freudenberg

Website: *technikmuseum-freudenberg.de*

21 Hier leuchten nicht nur Kinderaugen

SÜDWESTFÄLISCHE FREILICHTBÜHNE FREUDENBERG

Wer kennt sie nicht, die kleine freche Honigbiene Maja, die komplett in Gelb mit schwarzen Streifen durch ihre faszinierende Welt fliegt. Ihr Freund Willi ist immer an ihrer Seite und auch Flip, der lustige Grashüpfer mit dem schicken Hut, ist wohlbekannt. Gemeinsam erleben sie spannende Abenteuer in der Natur, umso interessanter, weil die Zuschauer durch die kleinen Tiere Wald und Wiesen aus Sicht der Insekten kennenlernen. Schon seit Jahrzehnten begeistern die tierischen Freunde nicht nur Kinder. Natürlich war ihr Auftritt im Kindertheater auf der Freilichtbühne Freudenberg entsprechend ein Renner. Auch Robin Hood ist in der Welt von Kunst und Kultur ein Dauerbrenner. Seine Geschichte vom Kampf um die Gerechtigkeit lässt wohl niemanden kalt – von den Reichen gefürchtet, aber geliebt und gefeiert von den Armen. Seine Aufführung beim Erwachsenentheater war ebenfalls ein Highlight.

Was haben Biene Maja und Robin Hood gemeinsam? Keine Ahnung? Ja, sie leben beide im Wald und draußen in den Wiesen, in der Natur. Und sie sind beide sehr bekannt und beliebt. Aber sie haben noch einen Berührungspunkt: Beide waren 2023 Stars auf der Südwestfälischen Freilichtbühne Freudenberg und sorgten für gute Laune und Unterhaltung bei ihrem Publikum.

Überhaupt ist die Freilichtbühne Freudenberg ein ganz besonderer Ort. Hier kann man Helden,

Seeräuber, Monster, wilde Tiere und auch Kindheitsfreunde wie Maja treffen, live und in Action erleben. Für ein paar Stunden abtauchen aus dem Alltag mit seinen oft stressigen Momenten, Problemen und Sorgen. Seit mehr als 60 Jahren schon lässt sich hier Theater in seiner schönsten Form erleben. Mit ein bisschen Glück spielt auch das Wetter mit – wenn nicht, begeistern die Laienschauspieler umso mehr. Um die hundert Freudenberger sind in ihrer Freizeit aktiv, wenn es heißt „Bühne frei!". Die Ehrenamtler zwischen fünf und 80 Jahren begeistern jedes Jahr im Sommer aufs Neue und zaubern Lächeln auf viele Gesichter.

Programmtafel

Geboten werden jedes Jahr zwei Stücke, eins für Kinder und eins für Erwachsene. Jede Inszenierung ist ein Fest für sich und voller Spaß, Spannung, Drama, Leidenschaft und Humor. Die Zuschauer sitzen dabei im Trockenen, denn die Tribüne mit ihren rund 800 Plätzen ist voll überdacht und bietet beste Aussicht auf die mehr als 300 Quadratmeter große Bühne. In den Sommermonaten, zwischen Juni und September, werden beide Theaterstücke

Action auf der Bühne

mehrfach aufgeführt. Insgesamt mehr als 30 Spieltermine, da findet jeder den passenden Tag für sich.

Noch mehr Kultur gewünscht? Die roten Schilder mit dem silbernen Stern weisen den Weg. Mitten in der Altstadt von Freudenberg, die an sich schon unbedingt einen Besuch wert ist, startet der KulturFlecken-Weg an der Burgstraße. Gute sechs Kilometer ist der Weg lang, 16 Stationen zeigen unterwegs Kunst und Kultur. An jeder Station gibt es über einen QR-Code weitere Infos zum jeweiligen Kunstwerk. Wer noch mehr wissen will, kann einen Katalog mit Hintergrundinformationen zu den Künstlern und ihren Werken in der Touristinfo kaufen. Dort ist auch ein Kinder-Kunstführer erhältlich.

Kunst und Kultur im Grünen

Info

Lage: Die Freilichtbühne liegt östlich direkt angrenzend an den Alten Flecken, den historischen Stadtkern von Freudenberg.

Adresse: Südwestfälische Freilichtbühne Freudenberg, Kuhlenbergstraße 26, 57258 Freudenberg

Website: *freilichtbuehne-freudenberg.de*

Aktivitäten:

- KulturFlecken-Weg: Start am Parkplatz P4 „Hinterm Schloss", Burgstraße, 57258 Freudenberg, *kulturflecken.de*

Einkehren:

- Zum Pinsel: Marktstraße 27, 57258 Freudenberg, *pinsel-flecken.de*
- Gaststätte Moritz: Oranienstraße 16, 57258 Freudenberg, *gaststaette-moritz-freudenberg.de*

22 Obernautalsperre

VERSUNKENE DÖRFER, BLAUE WEITE UND GRÜNE NATUR

Kaum angekommen, sieht man schon die leuchtend blaue, in der Sonne glitzernde Wasseroberfläche. Sie scheint endlos zu sein und zieht sich wie ein Farbstrich aus dem Malkasten durch das Grün der Bäume, Sträucher und Gräser, die um die Talsperre herum üppig gedeihen. Der rund zehn Kilometer lange, geteerte Rundweg um die Obernautalsperre begeistert alle Besucher.

Blick aufs Blau durchs Grün

Denn diese Runde um das wunderschöne Nass ist nicht nur für einen Spaziergang perfekt, sondern auch für alle, die sich auf Reifen, Rädern oder Rollen bewegen – bis auf ein paar Steigungen auch barrierefrei. Und unterwegs bieten Infotafeln auch noch Wissen zum Mitnehmen. Mitten in der Natur kann man an der Obernautalsperre herrlich entspannen – fast immer mit Blick auf das hier angestaute Wasser, das der Trinkwassergewinnung dient. Deswegen darf man hier auch nicht schwimmen, Boot fahren oder tauchen, aber auch der Rundgang oder die Fahrt um den See ist ein kleines Abenteuer. Was auf den ersten Blick nämlich gar nicht zu erkennen ist, ist die Geschichte, die sich unter dem Wasser verbirgt. Einst standen hier die Dörfer Obernau und Nauholz und ein Teil von Brauersdorf, die dann in den Fluten versanken, nachdem 1970 mit dem Bau des Hauptdamms begonnen worden war. 1972 wurde die größte Talsperre im Siegerland in Betrieb genommen und liefert bis heute Trinkwasser für die Region.

Die Dilldappen informieren

Inzwischen ist die Talsperre mit ihrem Rundweg zu einem beliebten Naherholungsziel geworden und auch zum Lebensraum für seltene Tiere. Wer leise und aufmerksam unterwegs ist und genauer hinschaut, der kann besondere Vögel wie Kormoran, Gänsesäger, Graureiher, Zwergtaucher, Reiherente, Haubentaucher, Schwarzstorch oder Fischadler entdecken. Infotafeln und Schaubilder am Weg entlang verraten mehr über die Tiere und Pflanzen, ihre Gewohnheiten und den Lebensraum. Witzig sind die Dilldappen, die auf den Schildern ihr Unwesen treiben – putzige Cartoon-Figuren des heimischen Künstlers Matthias Kringe. Es heißt, die scheuen keltisch-germanischen Fabelwesen leben in den Siegerländer Wäldern und klauen Kartoffeln als ihre Leibspeise von den Feldern. QR-Codes bieten die Möglichkeit, sich weitere Informationen und interaktive Inhalte direkt aufs Smartphone zu laden. Auch das Geläut der Schulglocken der versunkenen Dörfer, die auf einem Turm nahe der Talsperre eine neue Heimat fanden, sind digital zu hören. Bänke im Schatten und in der Sonne laden zum Verweilen im Grünen, zur Pause und zum Beobachten von Fauna und Flora ein.

Trinkwasser bester Qualität

Info

Lage: Die Obernautalsperre liegt etwa elf Kilometer nordöstlich von Siegen und rund drei Kilometer östlich von Netphen.

Adresse: Obernautalsperre, Zur Talsperre 40, 57250 Netphen

Website: *wvs.nrw*

Aktivitäten:

- Wer noch mehr Wasser möchte, ist genau richtig an der Breitenbachtalsperre, Talsperrenstraße (am Ende), 57271 Hilchenbach.
- N-FLOW Freizeitpark Netphen: Brauersdorfer Straße 52-62, 57250 Netphen, *n-flow.de*
- Dilldappenweg: ab Wanderparkplatz Dilldappenweg, nach der Ortschaft Hainchen an der L729, 57250 Netphen, *www.siegen-wittgenstein.info/de/tour/themenweg/dilldappenweg/33565410/*

23 Mitten im Wald

FORSTHAUS HOHENROTH BEGEISTERT MIT IDYLLE

Die Bäume wiegen sich sanft im Wind, das lange Gras am Wegesrand flüstert leise und am Ende der Straße steht das schmucke Forsthaus Hohenroth. An den Seiten aufwendig verschiefert, zur Straße hin noch eine gestreifte Fassade im ersten Stock, bedacht ebenfalls mit Schiefer und geschmückt mit grünen Fensterläden – so grüßt die ehemalige Försterei ihre Besucher.

Einst war es den Familien der Förster hier viel zu einsam, sie wollten nicht lange auf Hohenroth bleiben. Rund hundert Jahre später genießen die Besucher genau dieses stille Idyll – wobei es an den Wochenenden schon auch mal ein bisschen trubelig werden kann. Das Waldinformationszentrum Forsthaus Hohenroth begeistert mit seiner Naturnähe – eine gemütliche Insel im Meer der Bäume. Vor hundert Jahren ein abgeschiedener Ort, ist das Waldinformationszentrum heute zentrale Anlaufstelle für zahlreiche Angebote rund um Waldwirtschaft, Naturschutz, Waldpädagogik, Waldbegegnung, Wanderungen und vieles mehr. 1854 wurde das Forsthaus Hohenroth als Königliche Revierförsterei erbaut, 1910 ersetzte ein Neubau das bisherige Gebäude. Seit mehr als 20 Jahren befinden sich auf Hohenroth nun das Waldinformationszentrum des Regionalforstamtes Siegen-Wittgenstein und des Vereins Waldland Hohenroth.

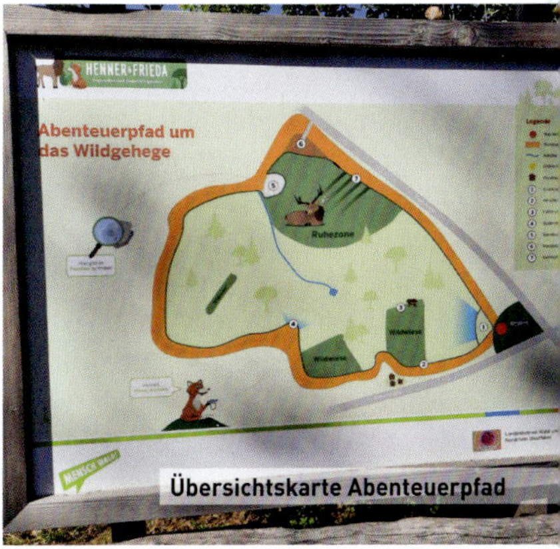

Übersichtskarte Abenteuerpfad

Rund um das Gelände mit dem Forsthaus laden Themenwege zum Entdecken der Natur und der heimischen Tier- und Pflanzenwelt ein. Ein Highlight ist das angrenzende rund 43 Hektar große Wildgehege mit Europäischem Rotwild und Mesopotamischem Damwild. Die sogenannten „Mesos" sind in ihrem Bestand bedroht und werden vom Landesbetrieb Wald und Holz Nordrhein-Westfalen im Rahmen des Artenschutzes gezüchtet. Die Tiere sind Teil des Europäischen Erhaltungszuchtprogramms. Das eingezäunte Gelände bietet beiden Arten mit Wiesen, Wasser und Wald einen natürlichen Lebensraum mit Rückzugsmöglichkeiten – daher sind die Tiere auch nicht immer zu entdecken. Vom regensicheren und barrierefrei zu erreichenden Beobach-

Forsthaus Hohenroth

tungspunkt können die Besucher auf eine große Lichtung im Gehege schauen, dort hält sich das Wild gerne auf.

Spektakulär ist die Hirschbrunft im Herbst. Zwischen Ende August und Anfang Oktober ist Paarungszeit bei den Hirschen. Die Männchen sind im Stress, müssen ihre Weibchen und Territorien verteidigen. Mit der aufziehenden Dämmerung hallen die Brunftschreie weit durch den Wald – ein gewaltiges Spektakel. Das laute Röhren zeigt die Dominanz: Wer ist hier der Platzhirsch? Alle, die diese ganz besondere Zeit und das Naturschauspiel von Nahem erleben möchten, können eine Führung mit Hirschrufer Tasso Wolzenburg buchen. Er ist einer der besten Hirschrufer Deutschlands, war mehrfacher Deutscher Meister im Hirschrufen und hat auch europaweit an Meisterschaften teilgenommen. Tasso Wolzenburg war schon als Kind oft mit seinem Vater und Großvater im Wald unterwegs. Seine Leidenschaft für diesen besonderen Lebensraum hat er später zum Beruf gemacht, er ist ausgebildeter Forstwirt, beim Landesbetrieb Wald und Holz Nordrhein-Westfalen angestellt und seit fast 20 Jahren auch am Forsthaus Hohenroth tätig. Seine Liebe zur Natur teilt er gerne, indem er Besucher mit in den Wald und zum Rotwildgehege nimmt. Dabei zeigt er nicht nur verwunschene Plätze mitten im Grün, sondern erklärt die Verhaltensweisen von Tieren, die Pflanzen und das Zusammenspiel der Natur. Zusammen mit Tasso Wolzenburg kann man zur Hirschbrunft den imposanten, oft scheuen Hirschen ganz nahekommen.

Damwild auf der Lichtung

Info

Lage: Das Waldinformationszentrum Forsthaus Hohenroth liegt etwa acht Kilometer nordöstlich von Netphen.

Adresse: Waldinformationszentrum Forsthaus Hohenroth, Eisenstraße (L722), 57250 Netphen

Website: *waldland-hohenroth.de*

Aktivitäten:

- Wildgehege am Forsthaus Hohenroth: Eisenstraße (L722), 57250 Netphen, *wald-und-holz.nrw.de/wald-erleben/infozentren/forsthaus-hohenroth/wildgehege*

24 Dritter Ort, zweiter Stern – zweites Wohnzimmer Q

KULTUR- UND BEGEGNUNGSORT IM ZENTRUM VON DEUZ

Deutz, klar, kennt man. Ist doch ein Stadtteil von Köln. Nein, gemeint ist Deuz ohne t! Und das ist ein Stadtteil von Netphen im Siegerland. Deuz ist klein, hat nur gute 2000 Einwohner und man könnte meinen, hier wäre nichts los. Weit gefehlt. Schon die Kelten haben sich in Deuz wohlgefühlt, das zeigen archäologische Funde aus der Zeit um 500 v. Chr.

Möglicherweise stammt auch der Ortsname aus dieser Zeit, das vermuten Sprachforscher. Allerdings bedeutet „diutissa" „Volk am Wasser" und das passt hier nicht so richtig. Nachweisbar ist aber die erste Erwähnung von „Dütze" in einer Urkunde von 1290. Von 1726 bis 1810 war die Deuzer Schmelzhütte in Betrieb, neben Kupfer und Blei wurde sogar Silber verschmolzen.

Bekannt ist Deuz aber vor allem auch dafür, an der ersten Omnibuslinie der Welt zu liegen bzw. deren Start und Ziel gewesen zu sein. Leider lief der Busverkehr zwischen Siegen, Netphen und Deuz nur kurz zwischen dem 18. März und dem 20. Dezember 1895. Dieser Bus war zugleich das erste Nutzfahrzeug, das die Firma Benz hergestellt hat. So viele Premieren! Bequem war die Fahrt sicherlich nicht und sie dauerte lang, denn mehr als 20 Kilometer pro Stunde schaffte der Omnibus nicht und die Straßen waren schlecht. Deswegen mussten die Vollgummireifen bald ausgetauscht werden, die Eisenreifen förderten

Die ehemalige Tischlerei ist voller Leben

die Bequemlichkeit nicht. Ging es bergauf, mussten die Passagiere aussteigen, weil der Motor zu schwach war. Mehr als acht Personen konnten sowieso nicht mitfahren, denn der Fahrgastraum war klein, aber immerhin beheizt, die beiden Zusatzplätze auf dem Kutschbock waren draußen und fast ungeschützt. Von Komfort kann man hier also auf keinen Fall sprechen. Faszinierend ist das Fahrzeug aber auf jeden Fall und ein Nachbau des Originals steht heute noch am Alten Bahnhof in Deuz. Der Bus kann jederzeit besichtigt werden und ist sogar verkehrstüchtig. Wer Glück hat, sieht das Fahrzeug bei einem Fest tatsächlich fahren.

Ein großes Glück für den kleinen Ort ist das Q. Die Qulturwerkstatt hat rund um das Gebäude der ehemaligen Tischlerei Hänchen richtig viel zu bieten. Das Programm ist so bunt und vielfältig, dass für alle was dabei ist. Im Qalender auf der Website stehen alle Termine drin und eine WhatsApp-Gruppe informiert zuverlässig über die Angebote, die von intergenerativen Theatergruppen über Konzerte und Lesungen mit professionellen Künstlern bis zu Kunstaktionen und Ausstellungen reichen. Das Besondere im Q ist übrigens, dass viele Formate zum aktiven Mitmachen einladen. Hier entstehen Kunst und Kultur mit den Menschen für die Menschen.

Das Herz des Q schlägt im Werkstatt-Qafé. Dabei verändert sich der Raum immer wieder, weil hier mal eine Bar ist, dann Spieletreff, es finden Public Viewings statt, ebenso wie Weinproben oder Skatabende. Natürlich gibt es auch eine Qüche und einen Garten – genauso lebendig und vielfältig wie der Rest des Q. In der Qulturwerkstatt können alle mitmachen und dabei sein – auch, wenn der Geldbeutel mal nicht so voll ist. Willkommen sind die Allerkleinsten, die Ältesten und diejenigen, deren Lebensreise weit, weit weg begann. Qomplizen werden übrigens immer gesucht! Zuschauer, Mitmacher und Fans auch.

Programm im Q

Im Sommer geht's raus

Kultur auf dem Land geht nicht? Das Q zeigt, dass das nicht stimmt und beweist regelmäßig das Gegenteil. Wer mal da war, wird gerne wiederkommen, weil das Herz ankommt. Die Atmosphäre ist freundschaftlich und heiter, gelassen und das leckere, selbst gemachte Essen immer ein Genuss! Das Q ist ein wunderbarer Dritter Ort, wie ein zweites Wohnzimmer, in dem schon die Freunde warten. Und so hat das Q auch bereits den zweiten Stern der Südwestfalen-Regionale 2025 erhalten. Eine verdiente Auszeichnung! Genauso wie die Förderung durch das Programm „Dritte Orte – Häuser für Kultur und Begegnung im ländlichen Raum" vom NRW-Ministerium für Kultur und Wissenschaft.

Info

Lage: Deuz liegt gute fünf Kilometer südöstlich von Netphen.

Adresse: Q mit Werkstatt-Qafé: Zaunstraße 1d, 57250 Netphen

Websites:

- *qulturwerkstatt.de*
- *netphen-deuz.de*

Aktivitäten:

- Alter Bahnhof Deuz: Albert-Irle-Straße 12, 57250 Netphen, *bahnhof-deuz.de*

25 Holz, Feuer und ganz viel Rauch

KÖHLER IN WALPERSDORF

Selbst wenn nachts schon die Sterne am dunklen Himmel funkeln, ist der Köhler noch draußen am Waldrand. Eine kleine Schutzhütte ist alles, was er braucht, wenn der Meiler brennt. Er muss da sein und aufpassen. Man sieht kein offenes Feuer am Meiler, denn das Holz soll ja nicht verbrennen, sondern zu Kohle werden. Wie das geht, das weiß die Familie Wagener am besten. Schon in der neunten und zehnten Generation üben die Köhler ihr schwarzes traditionelles Handwerk aus. Es ist wie ein Zauber, wenn aus einem Stapel Holz plötzlich Kohle geworden ist. Und natürlich gehört auch Können dazu, damit das auch wirklich funktioniert.

Der Rauch zieht durch das ganze Tal und überall riecht es nach verbranntem Holz. In Walpersdorf ist das kein Grund zur Sorge, im Gegenteil: Bald gibt es wieder frische Kohle zu kaufen und das Grillvergnügen im heimischen Garten kann starten. Mit der Kohle vom Meiler aus Walpersdorf schmeckt das Gegrillte noch besser, denn sie heizt lange und gleichmäßig. Versprochen!

Nur etwa ein Viertel des Gewichts des Holzes bleibt übrig, wenn der Brand fertig ist. Also muss zuerst jede Menge Holz zum Köhlerplatz gebracht und aufgeschichtet werden. Nicht einfach irgendwie, sondern sorgfältig werden die einzelnen Holzscheite zu einem Kegel aufgetürmt. Wichtig ist auch, welches Holz benutzt wird. In Walpersdorf werden nur Eiche und Buche verwendet, also Holz von

Laubbäumen, denn das gibt besonders gute Kohle. Damit der Meiler schön glimmt und die Holzstücke verkohlen, muss der Holzaufbau mit Rasenstücken und Erde komplett abgedichtet werden. Später werden ein paar Löcher in diese Hülle gestoßen, damit der Rauch abziehen kann – der archaische Geruch nach brennendem Holz, der sich überall verteilt und froh verkündet, dass der Köhler wieder seiner Arbeit nachgeht.

Reinhold Wagener hat diese besondere Tradition an einige junge Menschen aus dem Dorf weitergegeben, auch an seinen Neffen. Ihn und seine Mitstreiter kann man nicht nur beim Aufbau des

Wenn der Meiler raucht ...

Meilers sehen, sondern natürlich auch dann, wenn über den Mittelschacht das Feuer entzündet wurde und vor sich hin schwelt. Rund zehn bis zwölf Tage dauert es, bis die „Kohle gar" ist, wie die Köhler sagen. In dieser Zeit muss immer jemand vor Ort sein, manchmal sieht man auch jemanden auf dem qualmenden Kegel

Unterwegs auf dem Köhlerpfad

stehen. Ein beeindruckendes Bild, das man so schnell nicht vergisst. Wer mehr wissen will, der kann bei Reinhold Wagener eine Führung buchen.

Alle, die neugierig sind und auf den Spuren der Köhler und ihres Handwerks unterwegs sein möchten, können auf dem Köhlerpfad tief eintauchen in die Geschichte von Feuer und Glut. Schautafeln erzählen unterwegs auf dem etwa fünf Kilometer langen Weg von dieser besonderen Arbeit und dem Leben der Köhlerfamilie Wagener. Wie funktioniert der Meiler, wie muss er aufgebaut sein, woher kommt das Holz und warum wurde eigentlich im Siegerland soviel Kohle gebraucht? Anschaulich werden auch die Werkzeuge des Köhlerhandwerks und die Fachbegriffe erklärt. An der ersten Infotafel kann man das Köhlerquiz mitnehmen und mit einem Stückchen Holzkohle die Antwor-

Die Walpersdorfer Kohle ist die beste, sagt man

ten aufs Papier kritzeln. Ein Spaß für die ganze Familie, perfekt für Kinder ab sechs Jahren. Und wer dann noch Energie übrig hat, kann auf dem Naturspielplatz direkt am Start- und Endpunkt des Köhlerpfads ausgiebig toben. Ein kleiner Bachlauf, Tische und Bänke laden zum Verweilen oder zum Picknick ein.

Naturspielplatz mit Bach

Info

Lage: Walpersdorf liegt etwa neun Kilometer östlich von Netphen.

Adresse: Kohlenmeiler Walpersdorf: Wanderparkplatz „Köhlerplatz“, Wittgensteiner Straße, 57250 Netphen

Website: *siegen-wittgenstein.info/de/poi/historische-staette/kohlenmeiler-walpersdorf/6036382*

Aktivitäten:

- Besichtigung und Führungen mit einem echten Köhler nach Vereinbarung, Kontakt: Reinhold Wagener, Telefon 02737 5404, oder Bruno Wagener, Telefon 02737 3539
- Köhlerpfad: Wanderparkplatz „Köhlerplatz“, direkt an der L719, Wittgensteiner Straße, 57250 Netphen, *siegen-wittgenstein.info/de/tour/themenweg/koehlerpfad/32355018/*

26 Im mystischen Reich der Quellen

WO SIEG, LAHN UND EDER ENTSPRINGEN

Quellen haben immer etwas ganz Besonderes. Sie sind der Anfang eines jeden Bächleins, aber auch großer Ströme. Mitten im Rothaargebirge haben die Flüsse Sieg, Lahn und Eder ihren Ursprung und machen sich auf ihren Weg Richtung Rhein und Fulda. Nahe der Eisenstraße haben die drei Flüsse in unmittelbarer Nähe zueinander ihre Quellen und sorgen für eine mystisch-verwunschene Landschaft.

Wer gerne einmal Nymphen, Elfen oder Kobolde sehen möchte, sollte sich hier auf die Suche machen – man munkelt, man könnte diese Wesen im QuellenReich entdecken. Wenn sich die Sonnenstrahlen schimmernd durch das dichte Blätterdach bahnen und der Nebel nach und nach verschwindet, kann man durchaus glauben, dass hier Sagengestalten verborgen leben.

Auch alle, die es nicht ganz so sagenumwoben und geheimnisvoll mögen, sind am Walderlebnispfad „Siegquelle“ richtig. Man könnte es auch „Wald für Anfänger“ nennen. Vom Wanderparkplatz aus führt ein Bohlenweg durch den Wald zur Siegquelle. Viele Menschen aus der Umgebung holen sich hier frisches Wasser für unterwegs oder zu Hause, auch wenn es offiziell nicht als Trinkwasser ausgewiesen ist. Sie sagen, es sei das beste Wasser der Region – mit einem ganz besonderen Geschmack. Übrigens ist die Sieg, die ab hier 155 Kilometer fließt, bis sie in den Rhein mündet, der Fluss, nach dem das Siegerland benannt ist.

Auf Bythinellas Spuren

Jedenfalls ist die Quelle ein bezaubernder Ort, egal zu welcher Jahreszeit. Entlang des Bohlenwegs macht das Maskottchen des abenteuerlichen Rundweges, die winzig kleine Schnecke Bythinella, die hier lebt, auf sich aufmerksam. Schilder zum Klappen bieten Wissen und machen Lust auf mehr. Von der Siegquelle selbst geht es nur kurz über die Straße und schon ist man auf

Bythinella informiert

dem Walderlebnispfad angekommen. Huch, hier ist es aber steil! Es geht hangabwärts wortwörtlich über Stock und Stein, über Wurzeln, Blätter und Moos. Feste Schuhe und ein aufmerksamer Blick auf den Boden sind hier Pflicht!

Der verschlungene Erlebnispfad macht seinem Namen alle Ehre und führt zu wunderbaren Plätzen im Wald, ein kleines Abenteuer. Unterwegs warten auf die mutigen Entdecker Abgründe und Berge, die Abenteuerbrücke, ein Spinnennetz und eine Kletterstation. Hobbymusiker haben an der Waldgitarre oder den Klanghölzern ihren Auftritt. Der Weg ist nur ein schmaler Trampelpfad, man sollte also schon trittsicher und gut zu Fuß sein. Aber auch kleinere Kinder haben hier großen Spaß – nur für Kinderwagen ist hier leider nicht der richtige Ort. Wer sich nicht auf den Weg traut oder nicht so mobil ist, der findet rund um die Quelle schöne Picknickplätze mitten im dichten Grün, das im Sommer oft wie ein kleiner Dschungel anmutet.

Mitten im dichten Grün

Der Rundweg ist nur etwa eineinhalb Kilometer lang, aber man sollte genug Zeit einplanen, um entspannt unterwegs sein zu können. Und natürlich auch, um im urigen Gelände alles spielerisch ausprobieren und so richtig toben zu können. Es wäre doch zu schade, die Quellbrille oder das Baumfernglas zu verpassen. Zeit für sich und die Lieben zu haben, ist an diesem Ort extra schön und bereichernd. Wo sonst kann man schon die schützenswerte und zugleich lehrreiche Lebensgemeinschaft im Meer der Blätter, Äste und Zweige so unmittelbar erfahren?

Info

Lage: Die Siegquelle liegt knapp 20 Kilometer östlich von Netphen.

Adresse: Walderlebnispfad „Siegquelle", Eisenstraße, Wanderparkplatz Siegquelle, 57250 Netphen

Aktivitäten:

- Waldinformationszentrum Forsthaus Hohenroth: Eisenstraße/Kohlenstraße, 57250 Netphen, *waldland-hohenroth.de*
- Ginsburg: Schlossberg 1, 57271 Hilchenbach, *siegen-wittgenstein.info/de/poi/ruine/ginsburg/6036247*
- Rothaarsteig und Wanderweg 1A (siehe Tipps 17 bzw. 15)

27 Die größte in Südwestfalen

DIE WASSERBURG IN HAINCHEN

Denkt man an Burgen und Schlösser, ist das Siegerland sicher nicht die erste Region, die einem in den Sinn kommt. Dabei verstecken sich in der waldreichen Region zahlreiche Prunkstücke aus Stein. Ein ganz besonderer Schatz ist die Wasserburg Hainchen, die sich hinter einem kleinen Wäldchen verbirgt. Könnten die Steine, aus denen die altehrwürdige Burg besteht, doch nur erzählen …

Zum Glück für die Besucher gibt es um das altertümliche Juwel einen kurzen Rundweg, der mit Schildern versehen ist, die berichten, was sich hier alles über die Jahre abgespielt hat. Kommt man vom Parkplatz herunter, fällt der Blick zuerst auf die ehemalige Remise. Heute Restaurant und Ort für Feierlichkeiten, erstrahlt das Gebäude nun in einer gelungenen Mischung aus Backsteinen, Schieferfassade, großen Fenstern und modernen Elementen. So gemütlich, dass man sich am liebsten sofort setzen würde – leider ist das Restaurant mit Außenterrasse nur noch für Feiern nach Absprache geöffnet. Toll ist nicht nur der Blick auf die gelbe Wasserburg, sondern auch auf die rund 33.000 Quadratmeter große Parkanlage. Und wer genau hinschaut, kann nicht nur Seerosen im Wasser rund um die Burg entdecken, sondern auch Fische. Einer glitzert ganz golden – ob er ein verzauberter Prinz ist?

Gemütlich und einladend, aber nur nach Absprache geöffnet

So wie sich die Wasserburg heute zeigt, stand sie nicht immer da. Sie hat wie so viele alte Gemäuer eine wechselvolle Geschichte und war sogar dem Verfall preisgegeben, als sie ab 1815 in preußischem Staatsbesitz war. Zum Glück für die Burg und auch die heutigen Besucher ist der Siegerländer Burgenverein seit den 1970er-Jahren Träger der Wasserburg Hainchen. Sie ist ein wichtiges kulturhistorisches Denkmal, erlebt so eine neue Blütezeit und ist ein beliebtes Ausflugsziel. Sogar heiraten können Paare hier im extra eingerichteten kleinen Trauzimmer, das zugleich eine Außenstelle des Standesamtes Netphen ist.

In ganz Südwestfalen ist die Wasserburg Hainchen die einzige Höhenwasserburg. Im westfälischen Flachland gibt es zwar einige Wasserburgen, aber diese ist etwas Besonderes und liegt erhöht am Fuße des Rothaargebirges. So ist sie auch der ideale Ausgangspunkt für Wanderungen auf dem beliebten Rothaarsteig, der sich hier entlang zieht.

Damals und heute

Doch zurück zur Geschichte: Schon im Jahr 1290, also im ausgehenden Hochmittelalter, wurde die Burg erstmals in einer Urkunde erwähnt. Ihre erste Blütezeit erlebte sie unter den Herren von Bicken, in deren Besitz sich das Kleinod mehr als 350 Jahre lang befand. Eine Illustration auf der Schautafel direkt gegenüber der Brücke, die zum Burgtor führt, zeigt, wie die imposante Wasserburg damals wohl ausgesehen hat. Noch beeindruckender als heute, auch wenn das Gebäude wirklich toll saniert und renoviert wurde.

Während die Großen noch staunen, können die Kleinen schon toben. Direkt im Park lockt ein liebevoll gestalteter Spielplatz die Kinder auf ein sturmerprobtes Holzschiff mit Rutsche, Klettermöglichkeiten und viel Sand. Wer genauer schaut, entdeckt ein bisschen versteckt einen zweiten Spielplatz, der zugleich auch ein Ruheplatz direkt am kühlen Bächlein ist: Der perfekte Ort für eine schattige Rast im Sommer.

Pause in der Idylle

Info

Lage: Hainchen liegt etwas mehr als elf Kilometer südöstlich von Netphen.

Adresse: Wasserburg Hainchen, Schloßstraße 19, 57250 Netphen

Website: *siegerlaenderburgenverein.de/index.php/wasserburg-hainchen*

Aktivitäten:

- Wandern auf dem Dilldappenweg: auf der L729 durch Hainchen und 800 Meter nach dem Ortsausgang in der scharfen Linkskurve rechts auf den Wanderparkplatz Dilldappenweg abbiegen

28 Schumachers Ferrari bestaunen

THE LOH COLLECTION LÄDT EIN

Hier blitzt ein Chromrahmen, da leuchtet der rote Lack, im Fenster spiegeln sich elegante Kurven. Schon auf den ersten Blick ist das Nationale Automuseum The Loh Collection in Dietzhölztal-Ewersbach der Wahnsinn. Gut 150 Fahrzeuge stehen hier in ihrer ganzen Schönheit und Pracht. Aber nicht irgendwelche Autos, sondern nur die ganz besonderen – alte, exquisite und die ganz, ganz schnellen.

Ein Begeisterungssturm nach dem anderen, die Kamera klickt und klickt und kommt nicht mehr zur Ruhe. Schon auf den ersten Metern verliebt man sich, aber dann kommt schon die nächste Schönheit. Der Faszination und der Eleganz kann sich kaum jemand entziehen. Anschauen, staunen und fotografieren sind erwünscht – so steht es auch auf dem Flyer. Auf 7500 Quadratmetern sind die einzigartigen Fahrzeuge perfekt in Szene gesetzt. Sie zeigen etwa 135 Jahre Automobil-Geschichte. Eine eigene Museums-App führt zu den Geschichten hinter den jeweiligen Exponaten. Jedes Auto hat sein eigenes Infoschild mit den wichtigsten Daten, mehr Wissenswertes ist hinter dem QR-Code versteckt.

Gegründet wurde das Museum von Prof. Dr.-Ing. E.h. Friedhelm Loh. Er ist nicht nur erfolgreicher Unternehmer, sondern auch Autoliebhaber. Er hat über Jahrzehnte die Schätze zusammengetragen, die jetzt im Nationalen Automuseum The Loh Collection gezeigt werden. Mehr als 150 Fahrzeuge von rund 50 Herstellern sind es. Darunter der Ferrari von Michael Schumacher,

Niki Laudas Rennwagen, Kennedys Lincoln Continental und das Unikat und Rekordfahrzeug Maybach Exelero, aber auch ein altes Elektro-Feuerwehrfahrzeug und Veteranen aus der Geschichte der Autorennen, die in der aktuellen Sonderausstellung „100 Jahre Le Mans 24h" zu sehen sind.

Ein riesiger Setzkasten mit echten Autos

Echte Rennwagen begeistern

Ein besonderer Hingucker ist die Steilkurve, auf der sich eine Rarität an die andere reiht. Dahinter ist der übergroße Setzkasten zu bestaunen, der echte Fahrzeuge auf mehreren Etagen zeigt. Natürlich fehlt auch ein Originaltransporter von Ferrari für die Rennwagen in der einzigartigen Sammlung nicht. Der Charme der historischen Industriehallen blieb erhalten, ergänzt um moderne Elemente und Licht, das die drei- und vierrädrigen Stars gekonnt in den Mittelpunkt stellt. Ein uriges, gemütliches Kino erweitert die Ausstellung und lädt zu einer kurzweiligen Pause ein. Wer hungrig ist oder durstig, der findet eine leckere Auszeit im Restaurant & Diner „New York New York" oder auf der Außenterrasse des Cafés „Avus". Im Shop warten Mitbringsel und Fanartikel auf die Gäste.

Info

Lage: Dietzhölztal-Ewersbach liegt etwa 25 Kilometer östlich von Siegen.

Adresse: Stiftung Nationales Automuseum The Loh Collection, Museumsstraße 1, 35716 Dietzhölztal-Ewersbach

Website: *nationalesautomuseum.de*

Südliches Siegerland – Burbach, Neunkirchen und Wilnsdorf

Südliches Siegerland – Burbach, Neunkirchen und Wilnsdorf

29. Beste Aussicht von oben: Auf der Plattform des Pfannenbergturms
30. Strahlend und preisgekrönt: Zur Ruhe kommen in der Autobahnkirche
31. Auge in Auge mit dem Mammut: Eine Zeitreise im Museum Wilnsdorf
32. Die Wunder der Natur: Der Birkenhof bietet Lebensfreude
33. Die Nase im Wind: Weit schweifen die Blicke an der Tiefenrother Höhe
34. Auszeit im Wald: Entspannen in waldreichster Region Deutschlands
35. Tanz auf dem Vulkan: Trödelsteine entführen in die Erdgeschichte
36. Burbachs Herz: Alter Vogtei neues Leben eingehaucht
37. Gemecker und lachende Gesichter: Ziegenwanderungen sind toller Ausgleich zum Alltag

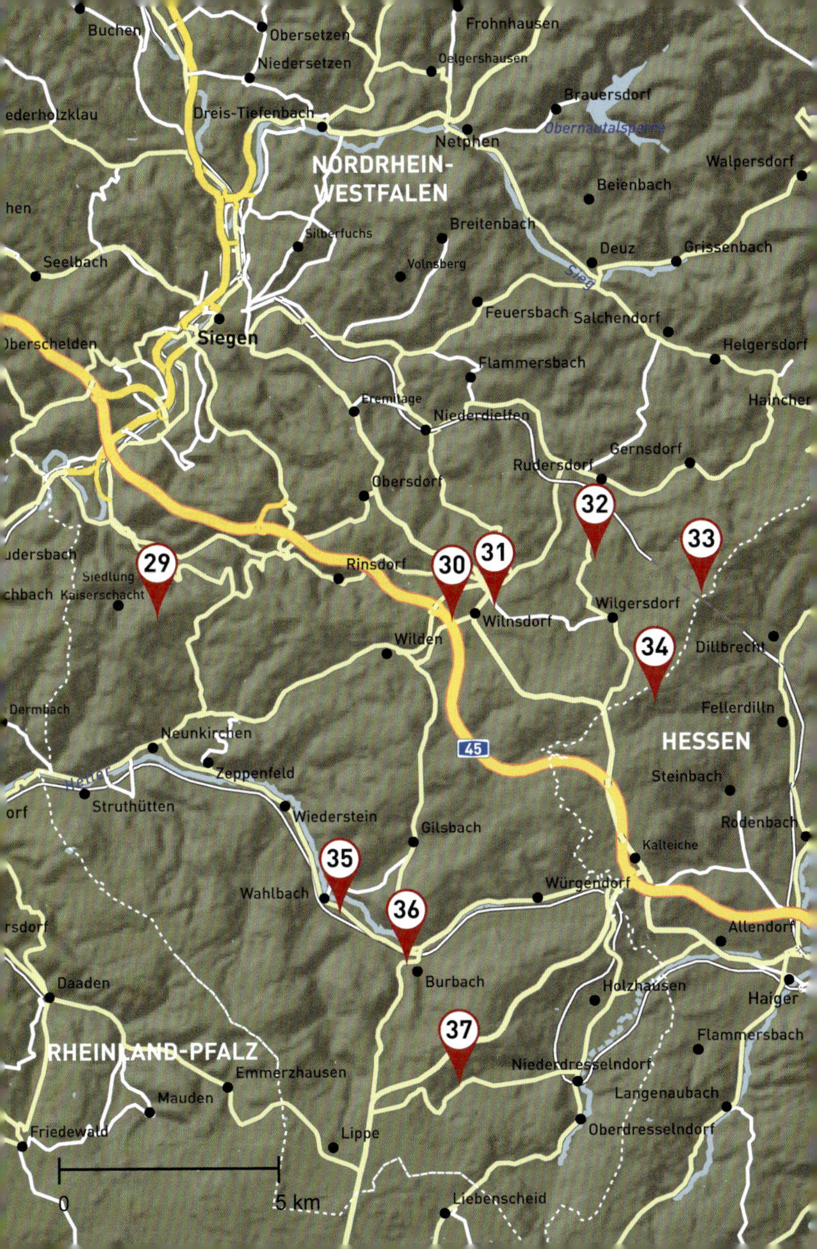

Buchen
Obersetzen
Frohnhausen
Niedersetzen
Oelgershausen
Brauersdorf
ederholzklau
Dreis-Tiefenbach
Netphen
Obernautalsperre
NORDRHEIN-WESTFALEN
Walpersdorf
Beienbach
hen
Silberfuchs
Breitenbach
Seelbach
Volnsberg
Deuz
Grissenbach
Sieg
Feuersbach
Salchendorf
Siegen
Oberschelden
Helgersdorf
Flammersbach
Eremitage
Haincher
Niederdielfen
Gernsdorf
Rudersdorf
Obersdorf
32
33
udersbach
29
30
31
Rinsdorf
Siedlung Kaiserschacht
chbach
Wilgersdorf
Wilnsdorf
34
Wilden
Dillbrecht
Dermbach
Fellerdilln
Neunkirchen
HESSEN
45
Zeppenfeld
Heller
Steinbach
Struthütten
orf
Wiederstein
Rodenbach
Gilsbach
Kalteiche
35
Wahlbach
Würgendorf
36
rsdorf
Allendorf
Burbach
Daaden
Holzhausen
Haiger
37
Flammersbach
RHEINLAND-PFALZ
Niederdresselndorf
Emmerzhausen
Langenaubach
Mauden
Oberdresselndorf
Friedewald
Lippe
0
5 km
Liebenscheid

29 Beste Aussicht von oben

AUF DER PLATTFORM DES PFANNENBERGTURMS

Sehen, staunen, den Blick nochmal fliegen lassen und sich sicher sein, dass man immer noch nicht alles erfasst hat. Von der Plattform des Pfannenbergturms aus können die Augen gar nicht genug kriegen, es gibt einfach zu viel zu sehen – in alle Himmelsrichtungen ist die Sicht klar und unverbaut, einfach frei. Und genauso fühlt man sich auf dem Stahlturm mitten in der Natur auch: frei!

Auf der Kuppe des 499 Meter hohen Pfannenbergs zwischen Siegen und Neunkirchen ragt die Stahlkonstruktion exakt 19,69 Meter in die Höhe, dabei befindet sich die Aussichtsplattform auf 18,50 Metern. Dennoch ist das 13 Tonnen schwere Bauwerk gut versteckt zwischen den Bäumen, es steht idyllisch im Grün und bietet atemberaubende Ausblicke in die Umgebung. Früher diente der Turm als Förderturm in der Grube Pfannenberger Einigkeit, der wichtigsten Erzgrube im Freien Grund. Mit dem Förderturm fuhren die Bergleute bis in 450 Meter Tiefe hinab, heute ist er ein luftig-elegantes Wahrzeichen des Siegerländer Erzbergbaus. Schon in der Spätlatène-Zeit wurde hier in der Gegend Eisenerz in Spalten im Boden abgebaut. Eine davon kann man sehen, wenn man zum Turm unterwegs ist – wie ein kleines Guckloch in die Vergangenheit unserer Menschheitsgeschichte mutet die Öffnung an.

Ehemalige Grube

Der Förderturm wurde 1898 gebaut, 1934 wurde er als Aussichtsturm errichtet. Seit 1993 steht der Turm unter Denkmalschutz, 1999 wurde er saniert, um die fortschreitende Korrosion zu beenden. Heute ist der Turm im Besitz der beiden Heimatvereine Salchendorf (Neunkirchen) und Eiserfeld (Siegen). Um die Instandhaltung finanzieren zu können, werden für die 100 Stufen des Turms Patenschaften vergeben; los geht es ab 25 Euro im Jahr für eine Stufe. Genaueres dazu findet sich auch unter *heimatverein-salchendorf.de*.

Der Pfannenbergturm in voller Pracht

Zahlreiche Wanderwege im Umkreis, aus Neunkirchen und Siegen, führen naturnah zum Pfannenbergturm. Hier oben ist die Welt ganz leise und ruhig, Alltag und Sorgen scheinen weit weg zu sein, genauso wie Menschenmassen, Hektik und Lärm. Wer lieber auf zwei Rädern unterwegs ist, findet auf den breiten Wegen auch tolle Fahrradtouren hin zur Stahlkonstruktion.

Hier versteckt sich der Turm

Info

Lage: Der Pfannenbergturm liegt auf einer Ebene zwischen Neunkirchen und Siegen, etwa zwei Kilometer südlich des Ortsteils Siegen-Eiserfeld.

Adresse: Pfannenbergturm, Pfannenberg, 57080 Siegen

Aktivitäten:

- Besucherbergwerk Reinhold Forster Erbstolln: Reinhold-Forster-Weg 22, 57080 Siegen, *gewerkschaft-eisenzecher-zug.de*
- Schaubergwerk Wodanstolln: Arbachstraße 28a, 57290 Neunkirchen, *heimatverein-salchendorf.de/Besucherbergwerk/Das-Besucherbergwerk*
- Grube Tannenwald, Rassberg, 57290 Neunkirchen, *heimatverein-zeppenfeld.de/bank/verzeichnis/3443?highlight=WyJ0YW5uZW53YWxkIl0=*

30 Strahlend und preisgekrönt

ZUR RUHE KOMMEN IN DER AUTOBAHNKIRCHE

Und genau das ist es auch, was die preisgekrönte Autobahnkirche Siegerland an der Autobahn A45 möchte: Sie heißt alle Reisenden und Suchenden, Familien, Fernfahrer, Singles, Busgruppen willkommen – einfach jeder darf eintreten und staunen, zur Ruhe kommen, beten, in sich gehen, das besondere Gebäude auf sich wirken lassen. Ganz bewusst ist das Gotteshaus immer offen, rund um die Uhr und täglich, für alle, die sich einer stillen Andacht widmen möchten. Egal, ob sie einer christlichen Konfession angehören oder nicht. Auch alle anderen sind natürlich herzlich eingeladen, ausgeschlossen wird hier niemand. Jeden Freitag um 18 Uhr wird eine Wochenschlussandacht gefeiert, abwechselnd evangelisch, freikirchlich und katholisch gestaltet.

Schon von Weitem kann man sie sehen, wenn ihr Weiß durch das grüne Blätterdach strahlt. Zwei Zacken strecken sich weit in das Blau des Himmels, es ist, als würden sie winken. Die ungewöhnliche Optik lockt von außen und setzt sich im Inneren fort. Filigrane Holzbögen verweben sich miteinander zu einer zart anmutenden Kuppel – Geborgenheit entsteht und das Gefühl, willkommen zu sein.

Seit der Einweihung im Mai 2013 finden sich viele Menschen zu einer Atempause ein. Die Autobahnkirche ist ein gelungenes Beispiel für moderne sakrale Architektur. Das Gebäude wurde vom Frankfurter Architekturbüro schneider+schumacher erdacht und ist mehrfach prämiert, unter anderem mit dem Publikumspreis A + Award: „Spektakulärstes religiöses Gebäude 2014". Das strahlendweiße Bauwerk basiert auf der geometrischen Form von Dreiecken auf einem dunklen Sockel. Innen soll die Kirche an ein Zelt und seine Geborgenheit erinnern.

Preisgekrönte Optik

Fakt ist, das Gebäude ist etwas ganz Besonderes – das spürt man sofort. Und auch das Gästebuch belegt dieses Gefühl. Es lohnt sich, die vielbeschriebenen Seiten durchzublättern und sich die Zeit zu nehmen, zu lesen, was die Menschen hierhergebracht hat, was sie bewegt, was sie sich wünschen und wofür sie beten. Sogar Zeichnungen sind zu sehen, manche von Kindern oder Jugendlichen, andere von Erwachsenen, die so ausdrücken, was schwer zu sagen ist, oder einfach, weil sie dieses Buch individuell verschönern wollen.

Faszinierender Innenraum

Info

Lage: Die Autobahnkirche Siegerland steht etwas mehr als zwei Kilometer westlich von Wilnsdorf.

Adresse: Autobahnkirche Siegerland, Autohof Wilnsdorf, Elkersberg, 57234 Wilnsdorf, *autobahnkirche-siegerland.de*

Aktivitäten:

- Museum Wilnsdorf: Rathausstraße 9, 57234 Wilnsdorf, *museum-wilnsdorf.de*

31 Auge in Auge mit dem Mammut

EINE ZEITREISE IM MUSEUM WILNSDORF

Fossilien, ein lebensgroßes Mammut, Mumien, Kunstgegenstände, außergewöhnliche Steine und ganz viel Wissen über die Vergangenheit. Wer das Museum Wilnsdorf besucht, der macht sich auf eine ganz besondere Reise, nämlich eine Reise durch die Zeiten. Ab geht es in die Vergangenheit!

Gleich unten nach dem Eingang wartet ein Grubenwagen auf Neugierige und Abenteuerlustige. Hochklettern, einsteigen und die Türe schließen, dann noch die Brille auf und los geht's! Die Virtual Reality-Brille nimmt mit auf eine rasante Fahrt durch den Stollen, in die Tiefen des Berges. Jahrhundertelang waren der Bergbau und die Gewinnung von Metallen aus der Erde wichtige Wirtschaftszweige in der Region. Der außergewöhnliche Film mit Animationen zeigt, wie schwer die Arbeit im Bergbau war und wie gefährlich, gleichzeitig wird aber auch die Faszination deutlich. Wem die Fahrt im Wagen so zu abenteuerlich ist, der kann den Film auch auf einem Bildschirm ansehen – mit beiden Beinen auf dem garantiert festen, nicht wackeligen Boden des Museums.

Virtual Reality im Grubenwagen

Folgt man dem Weg ins Volkskundliche Museum, zeigt dieses im Erdgeschoss die Arbeit im Hauberg, ebenfalls typisch für das Siegerland. Die Haubergswirtschaft ist eine besondere Art der Waldbewirtschaftung, nachhaltig im Bezug auf die natürlichen Ressourcen des Waldes und gerecht für alle Miteigentümer. Mithilfe von lebensgroßen Puppen, originalen Werkzeugen und Fotos werden das Leben und die Arbeiten im Hauberg im Diorama eindrucksvoll lebendig. Auch die Arbeitsabläufe im jahreszeitlichen Wechsel sind anschaulich dargestellt. Weiter geht es mit einer Scheune, „Siegerländer Erntetracht", einem Hof mit Hühner- und Schweinestall und natürlich auch dem „Stillen Örtchen". Küche, Stube mit Webstuhl und Kachelofen und eine Fachwerkfassade runden das Bild ab. Ältere Besucher werden den einen oder anderen Gegenstand wiedererkennen und sich wie in ihrer Kindheit bei Oma fühlen. Auch ein kleiner Einblick in den Schulalltag um 1900 mit Schulbank und Unterrichtsmaterial darf nicht fehlen, genauso wie verschiedene

Reise in die Vergangenheit

Respektspersonen in passenden Kleidungsstücken oder Uniformen, die beeindruckend an ihren Plätzen stehen. Überall ist deutlich zu sehen, mit welch einer Liebe zum Detail, Akribie und Authentizität das Museum eingerichtet wurde.

Über die Treppe geht es ins Obergeschoss, das ebenfalls in die Vergangenheit entführt. Verschiedene Räume, die Handwerksbetriebe darstellen, sind mit Arbeitsmaterialien, Werkzeugen und Möbeln ausgerüstet – als wären die Handwerker nur mal kurz in der Pause. Wer sich Zeit nimmt, kann in der Schreinerei, beim Schuster, Schneider oder im Friseurladen und der Backstube immer neue Einzelheiten entdecken und tief eintauchen in das Leben der Menschen in der Region zu Beginn des 20. Jahrhunderts. Etwas ganz Besonderes sind das voll ausgestattete Kaufmannskontor und der liebevoll eingerichtete Tante-Emma-Laden mit Bonbons im Glas auf der Theke – hier würde man heute noch gerne einkaufen.

Das lebensgroße Mammut

Die Cafeteria lädt bei hausgemachtem Kuchen zu einer kurzen Pause ein, um dann gestärkt weiter in den kulturgeschichtlichen Teil des Museums zu kommen. Thema ist auf

Wie bei Tante Emma

drei vollgepackten Etagen die Weltgeschichte von der Steinzeit bis in die Neuzeit. Highlight ist das lebensgroße Mammut, das eindrucksvoll und zottig den Raum beherrscht. Daneben sieht die lebendig wirkende Neandertal-Familie sehr klein und fast filigran aus. Weitere wichtige Stationen der Menschheitsgeschichte und Epochen beeindrucken auch nach Jahrtausenden noch. Das Museum zeigt rund 1000 Exponate, deren Originale in mehr als 100 Museen in rund 60 Ländern zu finden sind. Wechselnde Sonderausstellungen erweitern das Spektrum des Museums immer wieder aufs Neue. Das Museum Wilnsdorf ist außerdem Erlebnisort an der Eisenstraße Südwestfalen und Mitglied des Verbundes „WasserEisenLand – Industriekultur in Südwestfalen".

Info

Lage: Das Museum Wilnsdorf befindet sich direkt in Wilnsdorf, das etwa zwölf Kilometer südlich von Siegen liegt.

Adresse: Museum Wilnsdorf, Rathausstraße 9, 57234 Wilnsdorf

Website: *museum-wilnsdorf.de*

Aktivitäten:

- Autobahnkirche Siegerland: Autohof Wilnsdorf, Elkersberg, 57234 Wilnsdorf, *autobahnkirche-siegerland.de*
- „Nase im Wind": Aussichtsplattform an der Tiefenrother Höhe; Wanderparkplatz Wacholderheide, 57234 Wilnsdorf, *siegen-wittgenstein.info/de/poi/aussichtspunkt/tiefenrother-hoehe/23515079*

Einkehren:

- Valeo. Die Eismacher: Marktplatz 7, 57234 Wilnsdorf

32 Die Wunder der Natur

DER BIRKENHOF BIETET LEBENSFREUDE

Die beiden kleinen Ziegen meckern und springen übermütig über die Wiese, die Hühner picken friedlich, die Luft ist frisch und lädt dazu ein, tief einzuatmen und sich zu entspannen. Willkommen auf dem Birkenhof, mitten im Grün der Natur. Der Demeter-Betrieb erzeugt nicht nur regionale und leckere Lebensmittel, sondern bietet seinen Besuchern so viel mehr: Lebensfreude ist das Stichwort.

Natürliche Idylle

Schon der Name Birkenhof klingt idyllisch. Sobald man hier eingetroffen ist, landet man in einer anderen Welt. Es ist ruhig, nur Tierlaute, der Wind in den Bäumen und ein bisschen weiter weg zwei Menschen, die sich leise unterhalten, lachen. Die Luft ist würzig-frisch, reich an Sauerstoff. Alles ist grün und das Landleben zeigt sich von seiner besten Seite. Ankommen auf dem Birkenhof bedeutet Ankommen in der Natur, bei sich selbst und ohne die Hektik des Stadtlebens. Die Menschen, denen man hier begegnet, wirken ruhig und entspannt, die Atmosphäre ist angenehm und tut gut. Im Café wird beim Frühstück gelacht und gescherzt, Geschirr klappert, es duftet nach frischem Kaffee und Backwaren. Wer Glück hat und noch ein Plätzchen ergattert, darf im weichen Sessel ruhen und sich bedienen lassen. Das Frühstück ist natürlich saisonal gestaltet, mit frischen Produkten vom Hof. Selbst gebacken, direkt verarbeitet und gekonnt veredelt. Da schmeckt es gleich nochmal so gut – hier direkt vor Ort sowieso. Eine große Sonnen-

Leckeres Frühstück

terrasse lockt bei gutem Wetter nach draußen – perfekt auch für den Mittagsimbiss oder einen leckeren Kuchen zwischendrin.

Regionale Produkte im Hofladen

Glückliche Tiere

Der Hofladen ist zu jeder Jahreszeit anders bestückt und immer ein Spiegel der Natur. Im Herbst gibt es frisch gepressten Apfelsaft im Fünf-Liter-Karton. Zu viel? Auf gar keinen Fall, der Saft ist so lecker, dass er schnell ausgetrunken ist. Kürbisse leuchten in der milden Herbstsonne um die Wette und auch die Sonnenblumen vor der Ladentür strahlen. Im Sommer sind die Regale und Auslagen zum Bersten mit frischem Obst und Gemüsen gefüllt. Rote Tomaten, Salat in allen Schattierungen von Grün, Gelb und Rotbraun, Karotten, deren Grün und Orange so herrlich zusammenpasst, und braune Kartoffeln, die zwar unscheinbar aussehen mögen, aber geschmacklich ein Fest sind. Man merkt dem Gemüse an, dass es hier mit Engagement, Liebe zur Natur und dem Wissen um die biologischen Zusammenhänge angebaut wird. Die Auswahl an der Käsetheke ist enorm – ein kleines Paradies für Käseliebhaber. Viele der Sorten auf dem Birkenhof sind selbst hergestellt, genau wie die Joghurts und Chutneys. Wer es lieber süß mag, findet Honig von den Birkenhof-Bienen und süßes Gebäck. Ergänzt wird das Sortiment durch eine vielfältige Auswahl bekannter Biomarken.

Während der Öffnungszeiten von Café und Hofladen sind alle Besucher eingeladen, das Hofgelände zu erkunden und sich die Tiere anzusehen. Umsicht und das Achten auf das Wohl der Tiere und der Bewohner werden natürlich vorausgesetzt – ebenso wie das Einhalten der Besuchszeiten, denn auch der Birkenhof, seine

Menschen und Tiere brauchen mal Pause. Wer genauer schauen will und den Blick hinter die Kulissen sucht, kann sich einer der regelmäßigen Hofführungen oder sonstigen Veranstaltungen anschließen. Oder für eine Auszeit eines der Gästeappartements beziehen und den Alltag auf dem Birkenhof kennenlernen – mit dem Altersgarten, dem Waldkindergarten Birkenzwerge und den vielen Menschen und Tieren, die hier leben.

Info

Lage: Der Birkenhof befindet sich etwa zwei Kilometer nördlich von Wilnsdorf-Wilgersdorf. Wilnsdorf liegt rund zwölf Kilometer südlich von Siegen.

Adresse: Birkenhof, Birkenhof 1, 57234 Wilnsdorf-Wilgersdorf

Website: *birkenhof-siegerland.de*

33 Die Nase im Wind

WEIT SCHWEIFEN DIE BLICKE AN DER TIEFENROTHER HÖHE

Hach, da geht einem das Herz auf, der Blick wird weit, die Seele kommt zur Ruhe. Auf der Tiefenrother Höhe scheinen der Alltag und seine Sorgen, Ärger, Stress weit weg zu sein. Auch wer schon oft hier war, wird diesen Ausblick immer wieder lieben, suchen und ersehnen. Die Aussichtsplattform mit den Holzliegen gehört zu den schönsten Panoramapunkten in Siegen-Wittgenstein.

Aussichtsplattform mit den berühmten Rothaarsteig-Liegen

Tief eintauchen in das Waldmeer, dann auftauchen an der Aussichtsplattform, Pause machen, sich erholen und ganz tief durchatmen – die Nase in den Wind halten. Die würzige und zugleich angenehm frische Waldluft mit dem Duft nach Harz, Gras, Blättern und Waldboden regelrecht einsaugen, in sich aufnehmen. Die Füße von der Liege baumeln lassen – den Blick weit schweifen lassen. Eine Plattform, um mit allen Sinnen genießen zu können. Ein wahres Paradies, ein Glücksort für Wanderer, Spaziergänger und Radler.

Und wie kommt man zu dieser besonderen Stelle? Ganz einfach, der Wanderparkplatz ist nicht weit – perfekt für alle, die nur mal eine kurze Auszeit brauchen. Jene, die weiter laufen, wandern oder radeln wollen, sind ebenfalls willkommen, denn hier gibt es keine Öffnungszeiten. Die beliebten und bekannten Rothaarsteig-Liegen aus Holz mit dem herrlichen Schwung und eine Picknickinsel laden zur Rast mit Aussicht ein. Dass die Liegen hier einen Platz gefunden haben, verwundert nicht, denn auch der beliebte Fernwanderweg Rothaarsteig führt hier entlang. Wege zur Tiefenrother Höhe gibt es viele.

Ein Metallkreis, der die umliegenden Orte und deren Entfernung anzeigt, hilft bei der Orientierung von der Plattform aus.

Apropos Ausblicke und Weitblicke – auch hier haben die winzigen Borkenkäfer ganze Arbeit geleistet und viele Bäume, natürlich vor allem Fichten, befallen. Die Waldarbeiten und Baumfällungen sind

Panoramablick

inzwischen abgeschlossen, manche Flächen sehen noch ein bisschen traurig aus. Viele Bereiche sind aber schon wieder sehr grün und begeistern gerade im Sommer mit vielen bunten Blüten. Wenn die Fingerhüte blühen, leuchten die Hänge regelrecht in betörendem Lila. Traumhaft! Und absolut faszinierend, wie schnell sich die Natur wieder erholt – vor allem, wenn man sie lässt oder ein bisschen unterstützt.

Infos zum Rudersdorfer Tunnel

Was viele nicht wissen, direkt unter der Tiefenrother Höhe liegt mit 2651 Metern der längste Eisenbahntunnel in ganz Nordrhein-Westfalen. Schon 1915 wurde er in Betrieb genommen und bis heute fahren hier Züge. Neugierig geworden? Eine Infotafel auf der Tiefenrother Höhe bietet viel Wissenswertes zum Tunnel unter der schönen Aussicht.

Info

Lage: Die Tiefenrother Höhe liegt direkt auf der Landesgrenze zwischen Nordrhein-Westfalen und Hessen, rund zwei Kilometer östlich von Wilnsdorf.

Adresse: Tiefenrother Höhe, Wanderparkplatz Wacholderheide, 57234 Wilnsdorf

Website: *siegen-wittgenstein.info/de/poi/aussichtspunkt/tiefenrother-hoehe/23515079*

Aktivitäten:

- Museum Wilnsdorf: Rathausstraße 9, 57234 Wilnsdorf, *museum-wilnsdorf.de,* (siehe Tipp 32)

Einkehren:

- Hofladen Birkenhof: Birkenhof 1, 57234 Wilnsdorf-Wilgersdorf, *birkenhof-siegerland.de,* (siehe Tipp 31)

34 Auszeit im Wald

ENTSPANNEN IN WALDREICHSTER REGION DEUTSCHLANDS

Wald, so weit das Auge blickt. Baum an Baum, dazwischen eine kleine Lichtung, ein mäanderndes Bächlein. Vögel, die fröhlich zwitschernd in den Baumwipfel sitzen, Wind, der durch die Blätter raschelt und das Gras sanft wiegt. Leise Geräusche der Natur, frische Luft, der Duft von Harz und feuchtem Laub, federnder Waldboden, sanfte Hügel und grüne Täler. Eine Auszeit im Wald tut so gut.

Das frische Grün im Frühling leuchtet regelrecht

Waldbaden klingt für viele zu esoterisch. Wer will schon Bäume umarmen, mit dem Farn am Wegesrand sprechen oder im nassen Moos liegen? Zu abgefahren, zu seltsam, das ist oft das Vorurteil, wenn man Waldbaden hört. Shinrin Yoku klingt schon besser, oder? Meint aber im Prinzip das Gleiche, ist nur der japanische Begriff für das, was bei uns erst langsam eine Fangemeinde findet. Übersetzt man Shinrin Yoku, wird auch deutlicher, was gemeint ist: nämlich ein „Bad in der Atmosphäre des Waldes zu nehmen", die Atmosphäre des Waldes zu genießen. Sich mit allen Sinnen auf die Natur einzulassen. Nicht nur eben mal schnell auch noch eine halbe Stunde durch den Wald gerast, damit der Spaziergang ebenfalls auf der endlosen To-do-Liste abgehakt werden kann. Nein, genau das Gegenteil. Sich eine Auszeit nehmen vom Alltag, vom Stress, dem Trubel. Zeit nehmen – für sich und die Natur, die Seele bestärken, Kraft tanken und das Einswerden mit der Natur genießen.

Einfach mal ohne Ziel und Zeitdruck in den Wald gehen und sich hingeben. So wie ein Kind es tun würde, mal von links nach rechts über den Weg gehen, über einen Stamm balancieren und einen Stein aufheben und in der Hand wiegen, ein paar Schritte über das Gras am Wegesrand, die Hand nach einem Blatt ausstrecken, die knorrige, raue Rinde des nächsten Baums ertasten, sich auf das sonnige Fleckchen im Laub vom letzten Jahr setzen, die Augen schließen und genießen. Einfach mal nichts denken, nichts wollen, nur fühlen und empfinden.

Die Erneuerungskraft der Natur ist faszinierend

Klingt gar nicht so schwierig, ist aber manchmal kompliziert, wenn man den Kopf voller Alltagssorgen hat. Dann helfen Übungen, die man im Rahmen eines Kurses kennenlernen kann. Zum Beispiel, indem man sich ein Tor denkt oder über einen Baumstamm steigt und hier gedanklich seinen „Rucksack voller Gedanken und Bedenken" ablegt. Dann kann man vielleicht sogar fühlen, wie man erleichtert weitergeht, dem schmalen Pfad folgt und sich auf die Umgebung konzentriert. Den Waldsaum aufmerksam beobachten,

Kleine Übung unterwegs

die Wolken ziehen sehen und sich über das weiche Moos unter dem Schuh freuen.

Oder eine Spiegelfliese mitnehmen und die Welt hier draußen durch den Spiegel betrachten. Wow, der Ast sieht ja wie ein Fabeltier aus. Und wie schön sich die Wolken hinter der großen Eiche und ihrem dichten Laub verstecken. Einfach mal einen anderen Blick auf die Natur und den Wald werfen und schauen, was passiert. Mit der Seele und auch dem Körper. Und dann scheint es gar nicht mehr so verrückt, den Baum zu umarmen oder sich an seinen Stamm zu lehnen, seine Stärke im Rücken zu spüren, während man die Augen zumacht und entspannt.

Details genau wahrnehmen

Die Welt mal anders betrachten

HINWEIS: Verschiedene Kurse können über die VHS Siegen-Wittgenstein gebucht werden; Spandauer Straße 32, 57072 Siegen, *siegen-wittgenstein.de/vhs*

Info

35 Tanz auf dem Vulkan

TRÖDELSTEINE ENTFÜHREN IN DIE ERDGESCHICHTE

Die Trödelsteine sind ein beeindruckendes Zeugnis der Erdgeschichte, als unsere Welt noch ein Ball aus Feuer und flüssiger Lava war. Heute geht es hier im Unteren Buchhellertal ruhig zu, außergewöhnlich ist dieser Ort allerdings immer noch. Saftiges Grün beherrscht die Landschaft, gemeinsam mit dem Naturschutzgebiet Buchhellertal, dessen dominierendes Element das Wasser ist.

In den jungen Jahren unseres Planeten war es auf der Erde ziemlich ungemütlich. Überall fauchten und rauchten im Tertiär Vulkane und spuckten ihre glühende Lava brodelnd in die Umgebung. Heiß war es, stickig und sehr, sehr gefährlich. Glücklicherweise lebten damals noch keine Menschen, sie tauchten ja erdgeschichtlich erst sehr spät, quasi erst kürzlich auf. Umso spannender ist es, auch heute noch Beweise des wilden Treibens damals vor Millionen von Jahren zu sehen: Zwischen südlichem Siegerland und dem Westerwald gibt es noch einige Stellen, an denen die Basaltsteine von der rauen Vergangenheit zeugen.

Die Trödelsteine sind in Urzeiten entstandene Basaltsteine, die auch basaltische Stoßkuppen genannt werden, denn während sich im Hohen Westerwald eine geschlossene Basaltdecke gebil-

Der Herbst ist hier besonders schön

det hatte, kam es hier nur zur Entstehung einzelner Quellkuppen. Die sind allerdings nicht minder beeindruckend. Die Trödelsteine sind auch ein eingetragenes Naturdenkmal – so nennt man natürlich entstandene Landschaftselemente, die unter Naturschutz gestellt wurden. Wer einmal selbst vor Ort war, versteht, warum diese Basaltsteinkuppe dazugehört. Oben hat man eine

Das Gipfelkreuz mit Ausblick

beeindruckende Aussicht und kann sich in ein Gipfelbuch eintragen. Oder einfach nur darin schmökern. Bemerkenswert ist auch das Gipfelkreuz, das in der Region eine Seltenheit ist. Direkt am Kreuz hängt der Kasten mit dem Buch – natürlich geschützt vor Nässe.

Vorsicht ist beim Auf- und Abstieg geboten, denn hier kann es schon mal richtig rutschig werden, und auch auf Felsspalten und Risse sollte man genau achten. Aber das macht nichts, denn wer langsamer klettert, hat mehr Zeit zum Schauen – und zu sehen gibt es viel. Nicht nur die Aussicht ist faszinierend, sondern auch die Steine an sich. Sie sehen aus wie ein riesiger Haufen, der zusammengetragen wurde. Der einst massive Block ist durch Wind und Wetter verwittert, Wasser und Frost sprengten den Basalt in einzelne Stücke. Was auf den ersten Blick wie Zerstörung wirkt, ist auf den zweiten Blick der Beginn von neuem

Leben, denn in den Ritzen und Spalten sammeln sich Erde und Wasser, dann fehlt nur noch ein kleiner Samen und schon wächst ein kleines Pflänzlein mitten im Meer der Steine.

Pflanzen stehen auch im Fokus, wenn es auf dem Trödelsteinpfad durch das Naturschutzgebiet Unteres Buchhellertal geht. Von den Wanderparkplätzen aus führt der Weg nicht nur zu den Trödelsteinen, sondern auch durch dieses wunderschöne, verwunschene Bachtal. Wer ganz leise ist und sich Zeit nimmt, kann sogar die seltene Wasseramsel oder den bunten, pfeilschnellen

Uralte Steine

Das wunderschöne Buchhellertal

Eisvogel erspähen. Viele bedrohte oder geschützte Arten leben hier – umso wichtiger ist die Rücksichtnahme. Die Schönheit des Buchhellertals lässt einen ehrfürchtig werden vor den Wundern der Natur, daher ist es einfach, sich ruhig und angemessen zu verhalten.

Hier wohnt Waldwichtel Joschi

Der Trödelsteinpfad insgesamt mit seinem elf Kilometer langen Rundweg besticht durch seine herrliche Natur, schmale Pfade, am leise plätschernden Wasser entlang, durch einen Bogen aus Hecken oder steil bergauf, vorbei an der ehemaligen Grube Peterszeche mit dem immer noch vorhandenen Stollenmund, und mit kleinen Rätseln am Wegesrand: Wo ist heute der kleine Waldwichtel Joschi? Die Tür zu seiner Stube ist zu. Aber vielleicht sammelt er Pilze, die hier nur so wuchern, oder liegt im weichen Moos, wo die Sonne durch die Blätter leuchtet.

Stollenmund der ehemaligen Grube Peterszeche

Info

Lage: Burbach liegt gut 20 Kilometer südlich von Siegen.

Adresse: Wanderportal Austraße Wahlbach, Parkplatz an der Mehrzweckhalle Wahlbach, Austraße 26, 57299 Burbach oder Wanderparkplatz Unteres Buchhellertal, Buchheller, 57299 Burbach, Zufahrt über den Eicher Weg oder den Erzweg, 57299 Burbach

Website: *burbach-erleben.de*

Einkehren:

- Hotel Bechtel: Heisterner Weg 49, 57299 Burbach, *www.hotel-restaurant-bechtel.de*
- Restaurant Mythos: Freier-Grund-Straße 73, 57299 Burbach,*mythos-wahlbach.com*
- Café und Bäckerei Rothe: Kreuzborn 17, 57299 Burbach, *baeckerei-rothe.de*

36 Burbachs Herz

ALTER VOGTEI NEUES LEBEN EINGEHAUCHT

Ein Gebäude, das die Zukunft mit der Vergangenheit im Jetzt verbindet. Die Alte Vogtei in Burbach zeigt eindrucksvoll, wie das baulich und konzeptionell gelingen kann. Ein Treffpunkt für alle, zu den verschiedensten Anlässen; sogar heiraten kann man in den altehrwürdigen Räumen. Viel Licht und moderne Elemente lassen die traditionellen Bauteile erstrahlen, sorgen für ein ansprechendes Ambiente.

Altes Gebäude mit frischem Charme

Nicht nur die Touristinformation der Gemeinde Burbach hat hier ihr Zuhause gefunden, sondern auch das Naturpark-Infozentrum. Durch den modernen Umbau, der aber den Charme des wunderbaren Fachwerkhauses erhalten hat, ist die Alte Vogtei zum Besucher-, Begegnungs- und Erlebniszentrum geworden – hier ist man gerne. Die gelungene Mischung von alt und neu, von Tradition und Moderne wirkt freundlich und gemütlich zugleich. Die Treppen im Haus sind steil und für viele unbezwingbar – so hat man früher eben gebaut. Nicht weiter schlimm, denn im Rahmen der Sanierung wurde hinten am Gebäude ein Treppenturm mit Fahrstuhl angebaut, der jede Etage für alle erreichbar macht. Barrierefreiheit ist in alten Gebäuden oft nicht leicht zu verwirklichen, in der neuen Alten Vogtei wird aber niemand ausgeschlossen. So ist die Alte Vogtei wieder zum Herz Burbachs geworden, seit 2022 ein zentraler Begegnungsort für Bürger und Gäste. Wie gut, dass das Gebäude erhalten geblieben ist – 1970 wäre es fast abgerissen worden!

Die Alte Vogtei wurde als Amtssitz des Vogts genutzt und später dann als Wohnhaus. Der Vogt war Vertreter des jeweiligen

Alt und einfach schön

Herrschers der Feudalzeit. Er war damit zuständig für Recht und Ordnung, so kann man vereinfacht sagen. Dass das Haus von besonderer Bedeutung war, sieht man allein an seiner Größe, die für damalige Verhältnisse enorm war. Wann genau das Fachwerkgebäude errichtet wurde, ist unklar – Untersuchungen weisen auf das Jahr 1698 hin. Den Großen Brand vom 4. Juli 1758 überstand die Alte Vogtei unbeschadet, während rundherum etwa 160 Gebäude abbrannten. Die angrenzende Zehntscheune ging bei diesem infernalischen Feuer in Flammen auf, wurde aber damals wieder erbaut und nun ebenfalls renoviert. Jetzt zeigen beide Gebäude die kulturhistorische Dauerausstellung „Gemeinsam Burbach“. Übrigens wohnte in der Alten Vogtei eine Zeitlang auch der Nachtwächter. Er musste in den dunklen Stunden zwischen 22 und vier Uhr zu jeder vollen Stunde den Nachtwächterweg durch Burbach abgehen. Quasi nebenbei war er der Totengräber des Ortes.

Eine Touristinfo kennt wahrscheinlich fast jeder, ein Naturpark-Infozentrum eher nicht – genau das beheimatet die Alte Vogtei Burbach ebenfalls. Hier liegt das südlichste Eingangstor des Naturparks Sauerland Rothaargebirge, mit einer Fläche von

Touchtisch

rund 3830 Quadratkilometern der größte Naturpark in ganz Nordrhein-Westfalen. Der Naturpark liegt in Südwestfalen und umfasst große Teile des Hochsauerlandkreises, des Märkischen Kreises, des Kreises Olpe und des Kreises Siegen-Wittgenstein. Im Erdgeschoss der Alten Vogtei findet sich ein Informations- und Präsentationsbereich für den Naturpark. Hier lüftet sich auch das Geheimnis, was sich hinter den Schatztruhen und den Juwelen des Naturparks verbirgt. Um die schönen Erinnerungen nicht nur im Kopf mitnehmen zu können, gibt es auch besondere Souvenirs aus einem Sortiment lokaler Produkte.

Info

Lage: Burbach liegt gut 20 Kilometer südlich von Siegen.

Adresse: Besucher-, Begegnungs- und Erlebniszentrum, Touristinformation und Naturpark-Infozentrum, Alte Vogtei, Ginnerbach 2, 57299 Burbach

Websites:

- *alte-vogtei.de*
- *burbach-erleben.de*
- *naturpark-sauerland-rothaargebirge.de*

Aktivitäten:

- Landhaus Ilse: im Bauhaus-Stil erbautes Atriumhaus; Erzweg 3, 57299 Burbach, *burbach-siegerland.de*

Einkehren:

- Der Fiester Hannes: Flammersbacher Straße 7, 57299 Burbach, *fiesterhannes.de*
- Pizzeria Picasso: Gambach 4, 57299 Burbach, *picasso-burbach.de*

37 Gemecker und lachende Gesichter

ZIEGENWANDERUNGEN SIND TOLLER AUSGLEICH ZUM ALLTAG

Gustav meckert – mal wieder! Und niemand ist genervt, im Gegenteil: Alle sind verzückt, wenn der Braunhaarige mit dem Bauch meckert. Und wenn er sich dann auch noch auf die Hinterbeine stellt und mit der Zunge nur die reifen Brombeeren pflückt, ist er ein Star – wie seine vier Artgenossen, die Ziegenböcke Hansi, Willi, Kalle und Rudi, die auch mit auf Ziegenwanderung durch den Hickengrund gehen.

Wer mit den Hickenziegen unterwegs ist, hat fast die ganze Zeit ein Lächeln auf den Lippen. Man kann nicht anders, wenn man die fünf Ziegen beobachtet. Anfangs angeleint, damit Tier und Mensch sich aneinander gewöhnen, ziehen die Tiere ihre Führer von Busch zu Busch, gerne auch mal über den Wegesrand Richtung Böschung. Sie lassen sich kaum beeindrucken von der Leine, sondern spazieren nach ihrem Willen und ziehen die Menschen mit. Und die lassen sich gerne führen – auch wenn es umgekehrt gedacht ist. Die Ziegen verbreiten mit ihrem Dickkopf gute Laune und es ist lustig anzusehen, wie sie sich auf der Suche nach Leckerbissen strecken, auf die Hinterbeine stellen und ganz lange Hälse und Zungen bekommen. Leckere Blätter, Fallobst oder die jungen Triebe von Stauden stehen auf dem Speiseplan, wie auch die Beeren am Wegesrand. Dabei suchen die Tiere gezielt nur nach reifen Früchten, Stacheln und Dornen machen ihnen nichts aus. Unterwegs erklären Anna-Lena und Ruben Reuter mehr über die Gewohnheiten der Tiere, was sie mögen, was sie nicht fressen sollen und wie sie überhaupt auf die Idee mit den Hickenziegen-Wanderungen kamen. Auf kleinere Runden ab drei Teilnehmern warten die Jungspunde Fritz, Sepp und Oscar, die eine kleine Herde in der Gesamtmannschaft der Hickenziegen bilden.

Ziegen fressen einfach gerne

Verlässt einer die Herde – egal ob Mensch oder Tier – bleiben die Ziegen stehen und warten, bis alle wieder beieinander sind – der bekannte Herdentrieb. Dann wird schon mal so lange gemeckert, bis auch die Nachzügler aufgeschlossen haben. Erst dann geht die gemeinsame Reise weiter. Herzerwärmend! Genauso wie der Blick in die sanften Augen der Tiere, die so schön und groß glänzen. Manche Ziegen haben Hörner, andere nicht, bockig sind sie alle hin und wieder. Und dann auch wieder folgsam, wenn die Führer Anna-Lena und Ruben mit den umgehängten Futterbeuteln rascheln. Oder wenn die Wanderer etwas Leckeres am Wegesrand gepflückt haben und den Ziegen anbieten. Dann hat man ganz schnell eine Ziege neben sich, die ihren Kopf ins Futter steckt und kaum mehr loszukriegen ist. Lachanfälle sind vorprogrammiert.

Doch wie soll man sich eigentlich merken, auf welche Ziege man aufpassen soll, für welche man verantwortlich ist während der Ziegenwanderung durch den Hickengrund, einen wunderschönen Teil von Burbach? Es geht ja quer durch den Wald, auch auf Wegen des bekannten Fernwanderwegs Rothaarsteig entlang. Ziegen sind ausdauernd und so dauern die Wanderungen je nach Route und menschlicher Wanderlust zwischen zwei und vier Stunden. Sogar Snacks kann man für die längeren Ausflüge dazu buchen.

Die Herde unterwegs

Zurück zur Frage, wie die Tiere unterschieden werden können. Obwohl sie alle verschieden aussehen, auch unterschiedlicher Rasse sind und nicht gleich groß, andere Farben, Hörner oder Muster haben, ist es anfangs schwer, sich alles zu merken und auch die Namen zu behalten. Farben machen es leichter. Jedes Tier hat ein buntes Halfter und damit seine eigene Farbe. Die gleiche Farbe hat auch der Führstrick, das ist einfach.

Und am Ende sind alle glücklich. Die Ziegen legen sich zum Wiederkäuen auf ihre Weide, nachdem sie noch liebevoll gebürstet wurden. Wer mag, kann Erinnerungsfotos mit seiner Ziege oder der ganzen Herde machen. Und es gibt noch ein Ziegendiplom, das gerade junge Wanderer mit vor Stolz glänzenden Augen entgegennehmen.

Tier und Mensch genießen die Pflegeeinheit

Info

Lage: Burbach-Lützeln liegt knapp 30 Kilometer südlich von Siegen.

Adresse: Ziegenwanderung durch den Hickengrund, Waldweg 5, 57299 Burbach

Website: *hickenziegen.de*

Aktivitäten:

- Kayfly Flugschule: Rundflüge über das Siegerland; Flughafenstraße 8, 57299 Burbach, *kayfly.de*
- Heimhof-Theater: Heimhofstraße 7a, 57299 Burbach, *heimhoftheater.de*
- Besucher-, Begegnungs- und Erlebniszentrum, TouristInformation und Naturpark-Infozentrum, Alte Vogtei: Ginnerbach 2, 57299 Burbach, *alte-vogtei.de*, (siehe Tipp 36)

Wittgensteiner Land I –
Bad Berleburg
Schloss Berleburg

Wittgensteiner Land I – Bad Berleburg

38. Kunst am Wegesrand : WaldSkulpturenWeg bringt Kunst in den Wald
39. Der König der Wälder: Besuch in der Wisent-Wildnis
40. Wo der Froschkönig quakt: Märchenspur im Schlosspark Berleburg
41. Wo der Wisent wartet: Naturpark-Infozentrum, Touristinfo und Wisent-Ausstellung
42. Schwarzgraue Schönheiten: Schieferschaubergwerk entführt in die Vergangenheit
43. Der Dorfmittelpunkt: Zentrum Via Adrina für alle

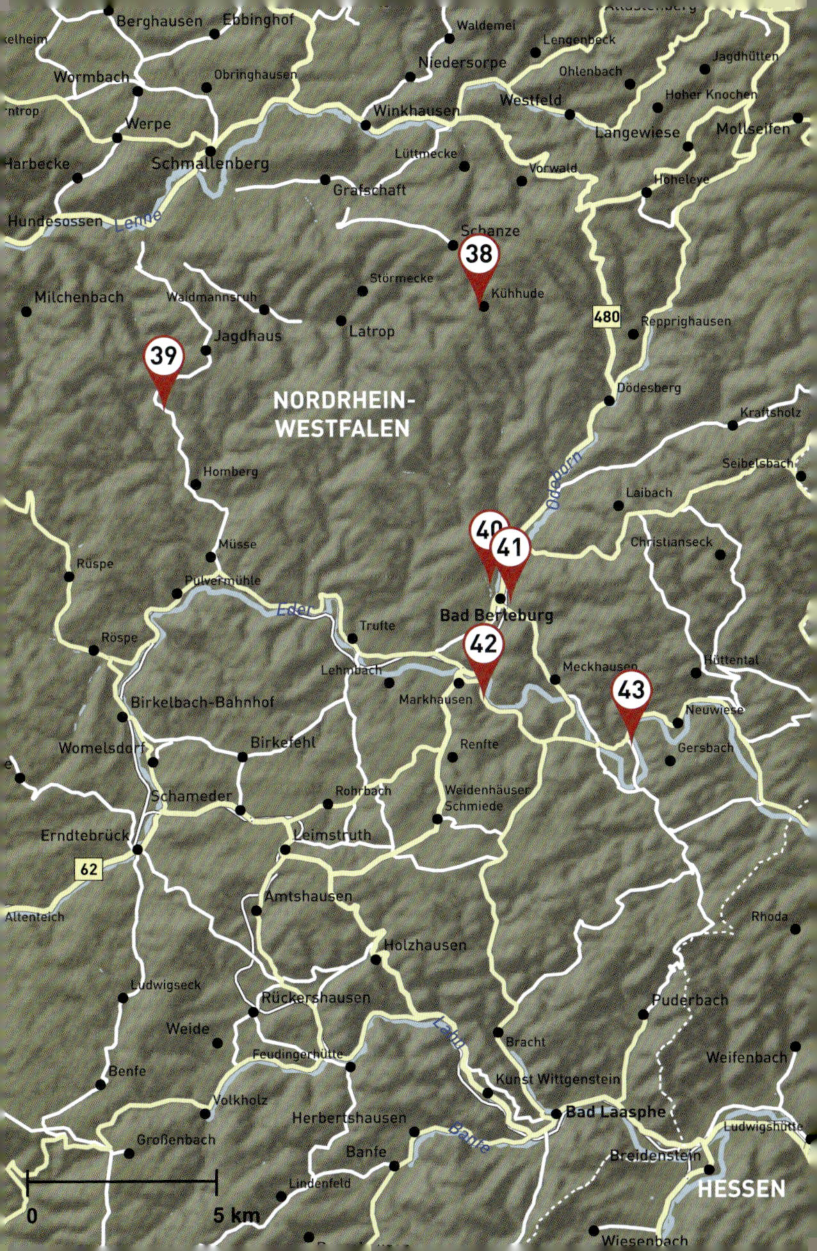

Berghausen
Ebbinghof
Waldemei
Lengenbeck
Jagdhütten
Wormbach
Obringhausen
Niedersorpe
Ohlenbach
Werpe
Winkhausen
Westfeld
Hoher Knochen
Langewiese
Mollseifen
Harbecke
Schmallenberg
Lüttmecke
Vorwald
Grafschaft
Hoheleye
Hundesossen
Lenne
Schanze
38
Milchenbach
Waidmannsruh
Störmecke
Kühhude
480
Repprighausen
Jagdhaus
Latrop
39
NORDRHEIN-
WESTFALEN
Dödesberg
Kraftsholz
Homberg
Seibelsbach
Odeborn
Laibach
40
41
Christianseck
Müsse
Rüspe
Pulvermühle
Eder
Trufte
Bad Berleburg
Röspe
42
Lehmbach
Meckhausen
Hüttental
Markhausen
43
Birkelbach-Bahnhof
Neuwiese
Renfte
Gersbach
Womelsdorf
Birkefehl
Weidenhäuser
Schmiede
Schameder
Rohrbach
Erndtebrück
Leimstruth
62
Amtshausen
Rhoda
Altenteich
Holzhausen
Ludwigseck
Puderbach
Rückershausen
Weide
Lahn
Bracht
Weifenbach
Feudingerhütte
Benfe
Künst Wittgenstein
Volkholz
Bad Laasphe
Herbertshausen
Ludwigshütte
Banfe
Großenbach
Banfe
Breidenstein
Lindenfeld
HESSEN
0
5 km
Wiesenbach

38 Kunst am Wegesrand

WALDSKULPTURENWEG BRINGT KUNST IN DEN WALD

Auf dem WaldSkulpturenWeg haben Kunst und Natur zu einer wunderbaren Symbiose gefunden. Ein Paradies für Wanderer und Spaziergänger, das elf Kunstwerke in atemberaubender Kulisse zeigt. Gleichzeitig verbindet dieser in Deutschland einmalige Kunstwanderweg auch das Wittgensteiner Land mit dem Sauerland, symbolisch durch die Hängebrücke in Kühhude perfekt in Szene gesetzt.

Der Wegweiser zeigt ein blaues Tor auf weißem Hintergrund: unterwegs auf dem WaldSkulpturenWeg mit seinen einzigartigen Kunstwerken mitten im Grünen zwischen Wittgenstein und Sauerland. Mal direkt am Wegesrand, mal ein paar Schritte weiter sind die Kunstwerke zu bewundern. Aufmerksam zu sein lohnt sich, auch abseits der Kunst, denn die Natur hier oben auf dem Rothaarkamm ist ebenfalls ein Wunderwerk. Die Bäume wiegen sich im Wind, die Sonne zeichnet Schattenspiele auf den weichen Waldboden, Vögel zwitschern, Grillen zirpen, es duftet nach Harz und Gras, mal ein bisschen modrig und dann wieder nach Wasser, das sich glucksend seinen Weg bahnt. Ein Fest für alle Sinne, wenn man sich Zeit nimmt, achtsam ist.

Auf der rund 25 Kilometer langen Strecke weiß man oft nicht, ob man sich im Wittgensteiner Land oder im benachbarten Sauerland aufhält. Die Grenzen sind fließend und auch das zeichnet den WaldSkulpturenWeg aus. Er verbindet das einst protestantisch geprägte Wittgenstein mit dem kurkölnisch-katholisch verwurzelten Sauerland. Die Hängebrücke in Kühhude ist ein ganz besonderer Berührungspunkt zwischen Siegen-Wittgenstein und Sauerland. Sie ist 40 Meter lang und es braucht schon

Die Hängebrücke Kühhude

ein bisschen Mut, sich auf die wacklige Konstruktion zu trauen. Natürlich kann sie auch umgangen werden, aber wer es wagt, hat ganz besondere Ausblicke und akrobatischen Spaß. Die Brücke befindet sich übrigens ganz in der Nähe des Wanderparkplatzes Kühhude, nur wenige Gehminuten entfernt. Auch der Rothaarsteig kreuzt in diesem Bereich den WaldSkulpturenWeg.

Der Wanderparkplatz Kühhude ist für Radfahrer ebenfalls ein guter Ausgangspunkt, denn die „Rothaar-Radroute" führt hier entlang, genau wie die Rothaar-Loipe für Langläufer.

Start des WaldSkulpturenWegs ist beim Rathaus in Bad Berleburg, ganz in der Nähe der Touristinformation, und er endet am Rathaus in Schmallenberg. Unterwegs regen die elf Kunstwerke zum Nachdenken, Diskutieren und Staunen an. International bekannte Künstler haben zwischen 2000 und 2010 ihre Werke in Bezug auf die Natur, die Landschaft und das frühere Grenzgebiet geschaffen. Die Namen wie „Kein leichtes Spiel", „Stein-Zeit-Mensch" oder auch „The Monument of the Lost Falcon" machen neugierig. Jedes Kunstwerk ist anhand der Beschilderung leicht zu finden und eine kleine Tafel mit Infotexten auf Deutsch und Englisch erklärt den Hintergrund, die Arbeitsweise des Künstlers und listet die Arbeitsmaterialien auf. Kurz, knackig und präzise. Oft warten auch eine Bank oder eine der beliebten Rothaarsteig-Liegen auf Wanderer, die mit Blick auf die jeweilige Skulptur pausieren möchten.

In Schanze, direkt am Kunstwerk „Krummstab", lohnt ein Abstecher auf den Kyrill-Pfad. Der Pfad wurde damals mit der Kettensäge durch den verwüsteten Wald angelegt, manchmal auch mithilfe von Leitern oder Trittbrettern. In der Nacht zum 19. Januar 2007 fegte der Orkan Kryill über Europa, teilweise mit Windstärken bis zu 225 Kilometern in der Stunde. Ein verheerendes Bild am nächsten Morgen – riesige Waldflächen verwüstet, Bäume entwurzelt oder abgebrochen wie Streichhölzer. Heute kann man sich kaum mehr vorstellen, dass der Orkan die Fläche nahezu platt gemacht hatte. Die verhältnismäßig kurze Zeit reichte der Natur aus, wieder einen kleinen Wald wachsen zu lassen. Waren es in den ersten Jahren Blumen und Stauden, folgten Sträucher und Büsche, die die Fläche zuwucherten. Inzwischen wachsen junge Bäume, die schon richtig groß geworden sind. Das Besondere am Kyrill-Pfad ist, dass die Natur sich selbst überlassen wurde. Nun ist das Wunder der Natur zu bestaunen, der stetige Erneuerungsprozess zeigt sich am Pfad eindrucksvoll.

The Monument of the Lost Falcon

Info

Lage: Der WaldSkulpturenWeg startet am Rathaus in der Kernstadt von Bad Berleburg und führt bis ins benachbarte Schmallenberger Sauerland.

Adresse: WaldSkulpturenWeg, Startmöglichkeit: Kühhude, 57319 Bad Berleburg, Homrighäuser Weg bis ganz zum Ende fahren

Website: *waldskulpturenweg.de*

39 Der König der Wälder

BESUCH IN DER WISENT-WILDNIS

Schon von Weitem ist der Koloss im rostigen Chic zu sehen. Der metallene Wisent, der König der Wälder, grüßt alle Besucher der „Wisent-Wildnis am Rothaarsteig“ direkt vom Parkplatz aus. Ein tolles Fotomotiv noch vor dem Eingang. Nur wenige Meter weiter wird es dann richtig urig.

Vorbei am Abenteuerspielplatz „Kleiner Wisent" – hier können die Kleinen so herrlich spielen, matschen und sich austoben – geht es zur Wisent-Hütte, in der sich Durst und Hunger in einzigartiger Atmosphäre und Landschaft stillen lassen. Im Sommer ist es einfach wunderbar, unter den Schirmen vor der Hütte ein kühles Getränk zu genießen und sich auf den Holzbänken auszuruhen.

Wer vorher durch die Wildnis gewandert ist, hat sich das auch redlich verdient. Von der Kasse an der Hütte geht es steil bergab und über unebenes Gelände. Feste Schuhe anziehen, ein Getränk in den Rucksack, vielleicht auch ein Fernglas, und ab geht es auf die Suche nach den sanften Riesen, die hier seit 2013 auf rund 20 Hektar in einem weitgehend naturbelassenen Areal zu Hause sind.

Einzigartig

Hach, wie gut das riecht! Kaum angekommen, atmet man tief die frische Luft mit dem würzigen Duft des Baumharzes ein. Die Erholung beginnt und die Wanderer starten voller Energie auf den erlebnisreichen Rundgang durch die Wisent-Wildnis. Der Alltag ist schnell vergessen, achtsam sein, das ist hier eine leichte Übung. Selbst gestresste Großstädter sind schnell geerdet beim Gang über die schmalen Pfade, nur mit den leisen Geräuschen der Pflanzen und Tiere im Hintergrund. Das etwa 20 Hektar große Gelände ist in weiten Teilen natürlich geblieben, der Rest ist naturnah gestaltet. Durch Felsen, Täler und Wald, am Bach entlang oder vorbei an Quellmulden ist man schon mal zwei bis drei Stunden auf dem etwa drei Kilometer langen Wanderpfad unterwegs. Es gibt so viel zu schauen und auch an die Tiere kommt man ganz nah ran. Manchmal stehen sie fast direkt am Zaun. Wer Glück hat und zur richtigen Zeit da ist, sieht sogar eines

Wer sieht die Wisente?

der Wisentkälbchen. Die erwachsenen Tiere mit ihrem Stockmaß von bis zu 1,80 Meter und bis zu 1000 Kilogramm Gewicht bei den Bullen sind beeindruckend. Den Titel König der Wälder kann man jetzt wahrlich nachvollziehen. Und trotzdem sind die zottigen Riesen sanfte Tiere und üblicherweise recht scheu – hier sind sie natürlich an Menschen gewöhnt. Noch immer gelten die Wisente als potenziell gefährdete Tierart. Vor etwa hundert Jahren wurde das letzte freilebende Tier erschossen und aus nur zwölf Wisenten, die in Zoos lebten, wurde eine neue Population gezüchtet und teilweise wieder ausgewildert.

Wer noch mehr wissen will, der findet viele Antworten in der Wisent-Erlebnisausstellung am Marktplatz in Bad Berleburg. Im Infozentrum des Naturparks Sauerland Rothaargebirge sind Mitmachen und Anfassen gewünscht. Kurioses, Wissenswertes und Faszinierendes stehen im Mittelpunkt.

Wem die Wanderung durch die Wisent-Wildnis zu kurz war, der findet „Tierisches Wandervergnügen" auf der Rothaarsteig-Spur Wisent-Pfad. Rund um die Ortschaften Aue und Wingeshausen führt die 13,5 Kilometer lange Wanderstrecke über weichen Waldboden und teils sehr schmale Pfade, ein Tretbecken erfrischt die müden Füße unterwegs. Der Wisent-Pfad lädt zu einer Entdeckertour ein, abwechslungsreich geht es durch die malerische Natur, die mit bezaubernden Aussichten und einer spannenden Tierwelt begeistert.

Info

Lage: Die Wisent-Wildnis am Rothaarsteig liegt 15 Kilometer nordwestlich von Bad Berleburg.

Adresse: Wisent-Wildnis am Rothaarsteig, Weidiger Weg 100, 57319 Bad Berleburg

Website:
wisenthuette.de/über-uns-1/wisent-wildnis-am-rothaarsteig

Aktivitäten:

- Naturpark-Infozentrum Bad Berleburg: Marktplatz 1a, 57319 Bad Berleburg, *blb-tourismus.de*, (siehe Tipp 41)
- Wandern auf der Rothaarsteig-Spur Wisent-Pfad: tierisches Wandervergnügen, Start: An der Bracht 50, 57319 Bad Berleburg; Wanderparkplatz Jagdhaus (Am Ortsende von Jagdhaus), 57392 Schmallenberg-Jagdhaus oder direkt an der Wisent-Wildnis, Weidinger Weg 100, 57319 Bad Berleburg, *blb-tourismus.de/de/tour/wanderung/wisent-pfad-rothaarsteig-spur-tierisches-wandervergnuegen/11415949*
- Klettern im Klettergebiet Kapplerstein: Kappelstraße 10, 57319 Bad Berleburg, *aue-wingeshausen.de/freizeit/aue-wingeshausen*

Einkehren:

- Wisent-Hütte: Weidiger Weg 100, 57319 Bad Berleburg, *wisenthuette.de*
- Sonnenhof: An der Bracht 50, 57319 Bad Berleburg, *sonnenhof-cafe.de*
- Das Stamm-Haus: Alte Landstraße 19, 57319 Bad Berleburg, *das-stamm-haus.de*

40 Wo der Froschkönig quakt

MÄRCHENSPUR IM SCHLOSSPARK BERLEBURG

Ein echtes Schloss, in dem auch heute noch ein Prinz wohnt? In Bad Berleburg ist das kein Märchen, sondern Tatsache. Das Barock-Schloss wird schon seit mehr als 750 Jahren von der fürstlichen Familie zu Sayn-Wittgenstein-Berleburg bewohnt. Damit ist Schloss Berleburg in ganz Deutschland einer von wenigen Adelssitzen, der schon so lange Familien-Stammsitz ist.

Bereits auf den ersten Blick – vom eisernen Tor mit den schönen Verzierungen aus – beeindruckt das märchenhafte Schloss Berleburg. Die besondere Atmosphäre spürt man sofort. Wer tiefer eintauchen möchte, bucht eine Führung. Auf Schloss Berleburg wohnt heute Gustav Frederik Philip Richard Prinz zu Sayn-Wittgenstein-Berleburg mit seiner Frau Carina. Er ist ein Cousin des dänischen Königs Frederik X, das Schloss und der Park befinden sich in seinem Privatbesitz. Der obere Schlossgarten mit der wunderschönen Orangerie ist kostenlos und frei zugänglich, genauso wie der untere Park, aber natürlich sollte man sich an die Parkregeln halten. Mit ein bisschen Glück kann man auf dem Reitplatz sogar Reiter mit ihren eleganten Pferden beim Training beobachten. Der traumhafte Teich mit Seerosen und Springbrunnen ist immer zu sehen und ein Magnet für Besucher. Wer sich traut, kann in dieser zauberhaften, stimmungsvollen Umgebung auch heiraten.

Märchenhaftes Ambiente

Und quakt da nicht ein Frosch ganz in der Nähe? Direkt am Schloss vorbei und durch den idyllischen Schlosspark unterhalb führt die Märchenspur, der erste zertifizierte Premium-Spazierwanderweg in Südwestfalen. Die Gartenanlage beeindruckt mit großen, knorrigen, alten Bäumen, die so aussehen, als hätten sie manches Märchen selbst miterlebt. Die Tour startet an der Touristinformation am Marktplatz unten im Ort – hier gibt es auch den Flyer mit dem Märchenquiz. Zu jedem der sechs Märchen muss unterwegs

Wo ist der Froschkönig?

eine Frage beantwortet werden und dann wird das passende Symbol auf den Flyer gestanzt. Wer am Ende alle Antworten richtig notiert bzw. die Stempel komplett hat, kann sich in der Touristinfo eine kleine Überraschung abholen.

Der rund sechs Kilometer lange, kinderfreundliche Rundweg entführt in die Welt der Märchen der Brüder Grimm. Zu entdecken gibt es den „Froschkönig", „Rapunzel", „Die Bremer Stadtmusikanten", den „Eisenhans", „Rotkäppchen" und „Die goldene Gans". Vor lokaler Kulisse und im mystischen Wald ist bisweilen auch die eigene Fantasie und Vorstellungskraft gefordert – ein märchenhafter Spaß für Jung und Alt. Unterwegs auf der Märchenspur ist man mitten in der wunderschönen Natur. Vom Café Hof Mühlbach aus fliegt der Blick weit über das Odeborntal und die hügelige Landschaft des Rothaarkamms, hinter dem schon das Sauerland zu erahnen ist.

Balancieren, Klettern oder doch lieber das Waldxylophon ausprobieren? Der Holzerlebnis-Parcours bietet reichlich Möglichkeiten für eine unterhaltsame Pause. Der Parcours wurde

Schloss Berleburg vom Park aus

komplett aus heimischem Holz erbaut und lädt dazu ein, den Werkstoff Holz zu erleben. Kletterabenteuer auf dem bewusst naturnahen und ursprünglich eingerichteten Parcours sind garantiert.

Nach rund zwei Stunden – je nachdem, wie lange man sich bei den einzelnen Märchen aufhält, die alle auch nachgelesen oder gehört werden können – sind die Wanderer wieder am Ausgangspunkt beim Schloss und von dort aus ganz schnell beim Marktplatz angelangt. Jetzt winkt die Belohnung in der Touristinfo und vielleicht auch eine Einkehr.

Info

Lage: Schloss Berleburg steht direkt am Goetheplatz in der Altstadt von Bad Berleburg.

Adresse: Fürstlicher Familien-Stammsitz Schloss Berleburg, Goetheplatz 8, 57319 Bad Berleburg

Website: *schloss-berleburg.de*

Aktivitäten:

- Märchenspur – ein zauberhafter Wanderschatz: Start am Naturpark-Infozentrum, Marktplatz 1, 57319 Bad Berleburg, *blb-tourismus.de/de/tour/themenweg/maerchenspur-ein-zauberhafter-wanderschatz/53549319/#dmdtab=oax-tab1*

Einkehren:

- Café Anno Dazumal: Parkstraße 13, 57319 Bad Berleburg, *cafe-anno-dazumal.de*
- Konditorei Goetheplatz-Café: Goetheplatz 9, 57319 Bad Berleburg, *goetheplatz-cafe-bad-berleburg.jimdofree.com*
- Café Hof Mühlbach (mit Ferienwohnung): Im Mühlbach 1, 57319 Bad Berleburg, *www.hof-muehlbach.de*

41 Wo der Wisent wartet

NATURPARK-INFOZENTRUM, TOURISTINFO UND WISENT-AUSSTELLUNG

Mitmachen und anfassen ausdrücklich erwünscht – das ist das Motto im Infozentrum des Naturparks Sauerland Rothaargebirge in Bad Berleburg. Das moderne Gebäude, das sich perfekt in den Marktplatz einfügt, beherbergt zugleich auch die Wisent-Erlebnisausstellung. Im Mittelpunkt steht Wissenswertes und Faszinierendes – spannend und kurzweilig aufbereitet.

Der Touchtisch – informativ und unterhaltsam zugleich

Wie groß wird eigentlich so ein Wisent? Warum war er vom Aussterben bedroht und ist immer noch so selten, vor allem in Westeuropa? Was fressen die mächtigen Tiere und warum können sie sich nicht über den Rücken drehen? Wo findet man den Naturpark Sauerland Rothaargebirge und wo die Juwelen und die Schatztruhen? Antworten auf diese und noch viel mehr Fragen gibt es am Marktplatz in Bad Berleburg. Auch am Wochenende und an Feiertagen ist geöffnet. Übrigens war das Bürgerhaus früher mal eine Dreschhalle, dann ein Feuerwehrhaus und heute präsentiert es sich so modern und interaktiv – eine spannende Entwicklung.

Der Natur auf die Spur kommt man hier ganz schnell, denn es gibt viel Spannendes über die heimische Fauna, also die Tierwelt, zu erfahren. Im interaktiven Kommunikationszentrum wurde alles Wissenswerte für eine (virtuelle) Erlebnisreise durch den Naturpark gebündelt. Mit rund 3830 Quadratkilometer Gesamtfläche in den vier Kreisen Hochsauerlandkreis, Märkischer Kreis, Olpe und Siegen-Wittgenstein ist der Naturpark Sauerland Rothaargebirge der größte Naturpark in ganz Nordrhein-Westfalen.

Bad Berleburg darf sich als erste und bisher einzige Stadt in Nordrhein-Westfalen Premium-Wanderort nennen. Deutschlandweit gibt es nur zwei weitere Orte, die das begehrte Siegel des Deutschen Wanderinstituts besitzen. Das ist doch wirklich mal eine Reise wert. Zumal man sich allein schon in die wunderbare Optik der Altstadt mit den Fachwerkhäusern und dem Schloss oben auf dem Berg verlieben könnte – von der herrlichen Natur, die hinter jedem Straßenzug lauert, ganz zu schweigen. Grün ist es hier überall, einfach mal tief durchatmen und entspannen!

Eindrucksvoll

Schwierig dagegen ist es, sich zu verlaufen, denn die ausgezeichneten Wanderrouten rund um die Stadt Bad Berleburg und ihre 22 malerischen Dörfer begeistern mit hoher Qualität und thematischer Vielfalt. Die zertifizierten Wege entführen in ein grünes Paradies mit traumhafter Natur und tollen Ausblicken. Auch der bekannte Fernwanderweg Rothaarsteig führt hier vorbei – er macht dem Namen „Weg der Sinne“ alle Ehre.

Vorab Lust auf eine virtuelle Reise? Auf der Bad Berleburger Homepage sorgt ein

360-Grad-Rundgang für Begeisterung und Vorfreude auf die Kurstadt, die sich selbst Naturparadies in Südwestfalen nennt. Stimmt das? Hinfahren und selbst erleben! Es lohnt sich!

Lebensgroß und echt!

Info

Lage: Bad Berleburg liegt rund 45 Kilometer nordöstlich von Siegen.

Adresse: Naturpark-Infozentrum Bad Berleburg, Marktplatz 1a, 57319 Bad Berleburg, *blb-tourismus.de* und *naturpark-sauerland-rothaargebirge.de*

Aktivitäten:

- Wisent-Wildnis am Rothaarsteig: Weidiger Weg 100, 57319 Bad Berleburg, *wisenthuette.de/über-uns-1/wisent-wildnis-am-rothaarsteig*, (siehe Tipp 39)

Einkehren:

- Wisent-Hütte: Weidiger Weg 100, 57319 Bad Berleburg, *wisenthuette.de*
- Pizzeria Roma, Marktplatz 2, 57319 Bad Berleburg, *ristorante-pizzeria-roma.com*

42 Schwarzgraue Schönheiten

SCHIEFERSCHAUBERGWERK ENTFÜHRT IN DIE VERGANGENHEIT

Viele Hausfassaden in Siegen-Wittgenstein zeigen sich in edlem Schwarzgrau. Vor Millionen von Jahren aus Ablagerungen auf dem Meeresboden entstanden, war der Naturstein perfekter Schutz für Hauswände vor Wind und Wetter. Heute beherrschen nicht mehr viele die Kunst des Verschieferns von Gebäuden. Das Schieferschaubergwerk Raumland ermöglicht den Blick zurück in die Historie.

Nur wenige Schritte, schon wird es kühl und dunkel. Unter den Schuhen knirschen die Steine und immer wieder fallen Tropfen von der Decke – unter Tage in der Grube Delle im Schieferschaubergwerk Raumland sind es immer sechs bis acht Grad, egal, wie draußen das Wetter ist. Zusammen mit dem Licht und den wärmenden Sonnenstrahlen bleibt auch die Gegenwart zurück: Drinnen zeigt sich eine andere Welt, die Vergangenheit. Von 1860 bis 1923 wurde an diesem Ort Dachschiefer abgebaut – aber auch schon vorher fanden viele Wittgensteiner hier Lohn und Brot. Angenommen wird, dass mehr als 450 Jahre lang Schiefer gewonnen wurde. Aus dem Jahr 1717 gibt es eine Konzession zum Schieferabbau, ausgestellt von Graf Casimir zu Sayn-Wittgenstein-Berleburg.

Wer keine Angst vor dunklen Flecken auf dem Brautkleid hat, kann hier auch heiraten. Dann wird die höhlenartige Halle mit Kerzen und Blumen geschmückt, alle tragen Sicherheitshelme, die Braut natürlich in weiß – Romantik der ganz besonderen Art! Glück auf!

Samstags wird zur unterhaltsamen und humorvollen Führung eingeladen. So ist es einfach, gut 60 Minuten zuzuhören und nachzuerleben, wie hart und entbehrungsreich das Leben als Bergmann war. Es gab noch kein elektrisches Licht, es war immer kalt und feucht, die Schichten waren lang, auch am Samstag wurde gearbeitet. Viele kamen von weit her, weil die Arbeit sehr gut bezahlt wurde, so konnten sie ihre Familien nur sonntags oder noch

Der Helm ist Pflicht!

Vollbeladene Loren sind tonnenschwer

seltener sehen. Das Schöne in der Grube Delle ist, dass jeder den Schiefer anfassen darf. Die Räume sind so gestaltet, dass man keine besondere Fantasie braucht, um zu sehen, wie gearbeitet wurde. Die Grubenlampe „Frosch“ leuchtet eher spärlich und die Bohrmaschine ist echt schwer – kaum vorstellbar, dass jemand sie jeden Tag zwölf Stunden lang bedienen konnte. Eine vollbeladene Lore lässt ebenfalls erahnen, wie hart die Arbeit war.

Nach dem theoretischen Teil können die Besucher zuschauen, wie Schiefer gespalten wird und so immer feinere Platten entstehen. Auch Anrissnagel für die Kontur eines Namensschildes, eine Schieferschere, ein Hammer und weitere Werkzeuge kommen zum Einsatz. Wer Glück hat, darf ein gerade gefertigtes Erinnerungsstück mitnehmen. Die aufgestellten Schautafeln von Dächern oder Hausfassaden mit verschiedenen Mustern aus Schiefer zeigen, wie vielfältig dieses Material ist.

Harter Arbeitsalltag

Vielfältig ist auch der Wittgensteiner Schieferpfad, der auf der anderen Straßenseite beginnt. Immer der Fledermaus nach – diese urige Wegemarkierung passt perfekt, leben auf dem Grubengelände und in den Gruben doch unzählige der fliegenden Säugetiere. Los geht es durch ein Portal und über Trittsteine in der Eder – richtig abenteuerlich. Wer sich auf den Schieferpfad wagt, sollte trittsicher sein, feste Schuhe tragen und eine gute Kondition haben, denn es folgen kräftige Anstiege und Kletterpartien. Auch Verpflegung ist sinnvoll, denn die Wanderung dauert rund fünf Stunden. Die mystischen Wälder, schroffen Felsklippen, die idyllische Eder, die historischen Spuren des Schieferbergbaus und die herrlichen Ausblicke sind die anstrengende Wanderung auf jeden Fall wert. Kein Wunder, dass der Schieferpfad als erster Premium-Wanderweg der Region schon 2005 mit dem Siegel des Deutschen Wanderinstituts ausgezeichnet wurde.

Am Schieferpfad

Info

Lage: Das Schieferschaubergwerk und der Schieferpfad befinden sich am Rande des Örtchens Raumland, vier Kilometer südlich der Kernstadt von Bad Berleburg.

Adresse: Schieferschaubergwerk Raumland, Im Edertal (L553), 57319 Bad Berleburg

Website: *schieferschaubergwerk.de*

Aktivitäten:

- Wittgensteiner Schieferpfad: Parkplatz Reisegarten Raumland, Raumländer Straße, 57319 Bad Berleburg, *blb-tourismus.de/de/tour/wanderung/wittgensteiner-schieferpfad-spannendes-abenteuer/1542876/*
- Grubengelände Hörre: Parkplatz Reisegarten Raumland, Raumländer Straße, 57319 Bad Berleburg

43 Der Dorfmittelpunkt

ZENTRUM VIA ADRINA FÜR ALLE

Ein Treffpunkt mitten im Ort, ein Platz zum Spielen und gemütlich Zusammensitzen. Ein kühles Getränk wartet immer auf müde Wanderer, Radfahrer oder durstige Spaziergänger. Auch Kaffee und kleine Snacks im Selbstbedienungscafé stehen bereit. Das Zentrum Via Adrina im Herzen von Arfeld ist wie ein zweites Wohnzimmer, der Dorfmittelpunkt, der jeden willkommen heißt.

Lesestoff ist immer vorhanden

Vom baufälligen Abrissgebäude zum Dorfmittelpunkt: Das Zentrum Via Adrina hat eine steile Karriere hinter sich. Einst war die Schuhleistenfabrik Hartmann einer der größten Arbeitgeber im unteren Edertal, nach der Insolvenz im Jahr 2000 verfiel das gesamte Gelände samt Gebäude immer mehr. Ein Schandfleck mitten in Arfeld, aber auch ein gefährlicher Ort mit dem baufälligen Gebäude. Dann die mutige Entscheidung der Dorfgemeinschaft, alles komplett abzureißen und ein neues Projekt zu starten. Der Neubau sollte die

Mini-Eisenbahn

Erinnerungen an die alte Fabrik

dörfliche Infrastruktur bündeln und einen Dorfmittelpunkt schaffen.

Und das ist gelungen: von der alten Industriebrache zum modernen Treffpunkt voller Leben. Schon der Weg vom Parkplatz zum Gebäude ist sehenswert, denn hier sind Erinnerungsgegenstände an die ehemalige Schuhleistenfabrik zu bestaunen. Eine gelungene Kombination aus Maschinen, Werkzeugen und Bildern, die für altmodisches Flair sorgen und zugleich über die Geschichte des Geländes berichten.

Maschine der ehemaligen Schuhleistenfabrik

So wurde gearbeitet

Das Eisenbahner-Café hat täglich geöffnet

Gemütliches Flair

Eine kleine Modelleisenbahn auf dem Vorplatz zaubert ein Lächeln aufs Gesicht der Besucher. Dazu passt das Eisenbahner-Café – täglich geöffnet, mit Selbstbedienung auf Vertrauensbasis und wie ein Bahnwaggon eingerichtet. Einmal in der Woche lädt die Ehrenamtskneipe zum gemütlichen Beisammensein ein, betrieben von den Arfelder Vereinen. Auch die Eisenbahnfreunde Arfeld haben hier eine Heimat gefunden und öffnen ihre Räumlichkeiten mit der Modellbahnanlage regelmäßig zur Besichtigung. Für Erholung und Abwechslung sorgt der Lesekorb mit gemütlichen Liegen und Bücherregalen.

Perfekt gelegen ist das Zentrum, denn Wanderer auf der Via Adrina oder Radler auf dem Eder-Radweg kommen fast direkt vorbei. Sogar Wohnmobilstellplätze sind auf dem Gelände vorhanden – für die, die länger bleiben wollen. Alles, was man für ein leckeres Frühstück oder Abendessen braucht, findet sich entweder im Café oder nur wenige Minuten entfernt im Hofladen der Milcherei Henk. Sogar frische Milch zum Zapfen in Glasflaschen mit coolem Logo oder ein leckeres Eis aus der eigenen Produktion gibt es. Wer bei seinem Besuch im Hofladen Glück hat und zur richtigen Zeit kommt, kann durch das große Fenster im Laden bei der Produktion der Leckereien zuschauen!

Hereinspaziert!

Milchzapfanlage

Info

Lage: Arfeld liegt etwa sechs Kilometer südöstlich von Bad Berleburg.

Adresse: Zentrum Via Adrina, Stedenhofstraße 2, 57319 Bad Berleburg-Arfeld

Website: *zentrum-via-adrina.de*

Einkehren:

- Milcherei Henk: Im Regel 3, 57319 Bad Berleburg-Arfeld, *milcherei-henk.de*

Wittgensteiner Land II –
Bad Laasphe
und Erndtebrück

Der Rosengarten in Erndtebrück

Wittgensteiner Land II – Bad Laasphe und Erndtebrück

44. Flauschig schön und eigensinnig: Unterwegs mit den Alpakas der Ranch Dörnbach
45. Zarte Blüten in Rosa, Weiß und Purpur: Der Rosengarten in Erndtebrück
46. Tief unter der Erde: Der Bunker Erich in Erndtebrück lädt zur Zeitreise
47. Wo sich Wasser und Wald begegnen: Der Weidelbacher Weiher, Kraftort mitten im Grünen
48. Heiliges Wasser mitten im Wald: Die Ilsequelle verzaubert mit Heilwasser und mystischer Umgebung
49. Kleine Gesellen in allen Formen: Das Pilzmuseum in Bad Laasphe
50. Reise in das All: Unterwegs auf dem Planetenlehrpfad und dem Entenberg

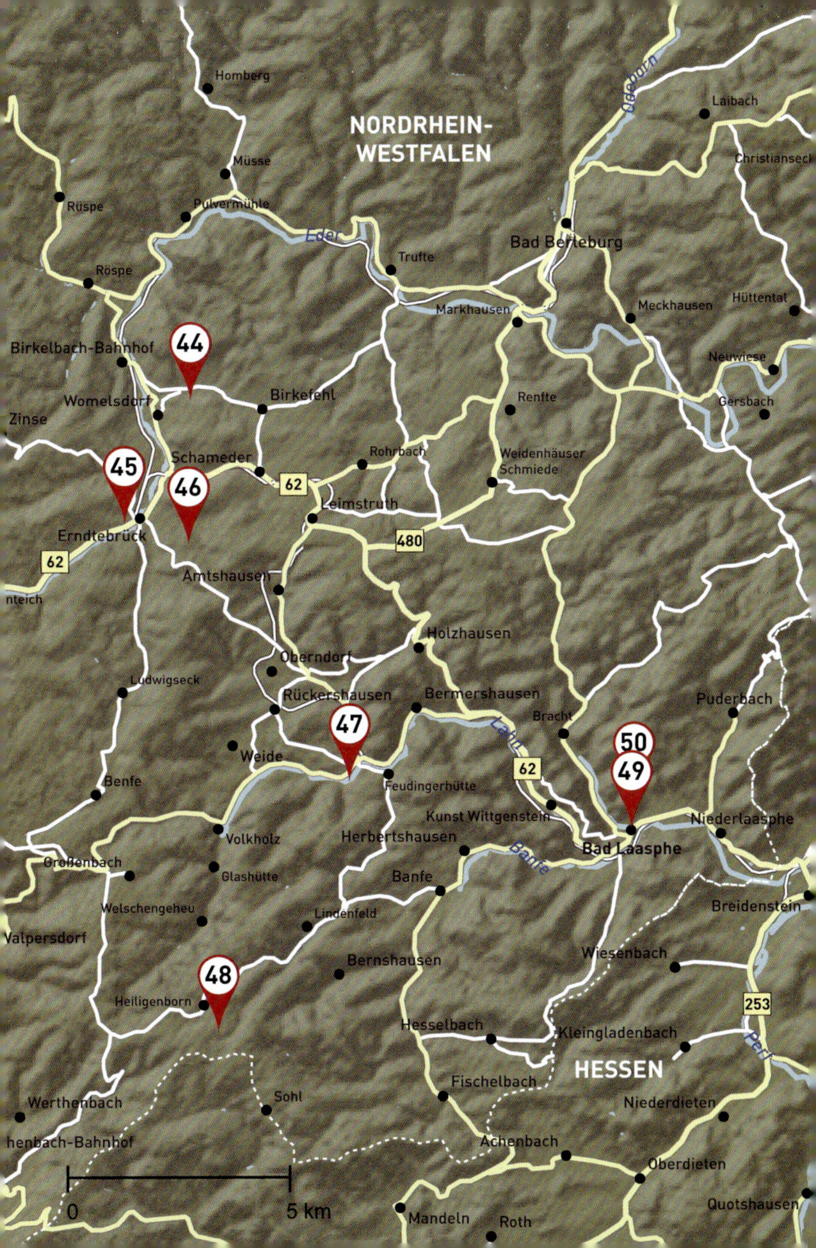

NORDRHEIN-WESTFALEN
HESSEN
Homberg
Müsse
Rüspe
Pulvermühle
Eder
Röspe
Trufte
Bad Berleburg
Laibach
Odeborn
Christianseck
Markhausen
Meckhausen
Hüttental
Birkelbach-Bahnhof
Neuwiese
Womelsdorf
Birkefehl
Renfte
Gersbach
Zinse
Schameder
Rohrbach
Weidenhäuser Schmiede
Leimstruth
Erndtebrück
Amtshausen
Holzhausen
Oberndorf
Rückershausen
Bermershausen
Ludwigseck
Puderbach
Bracht
Lahn
Weide
Feudingerhütte
Benfe
Kunst Wittgenstein
Niederlaasphe
Volkholz
Herbertshausen
Bad Laasphe
Banfe
Großenbach
Glashütte
Banfe
Breidenstein
Welschengeheu
Lindenfeld
Valpersdorf
Wiesenbach
Bernshausen
Heiligenborn
Hesselbach
Kleingladenbach
Perf
Fischelbach
Werthenbach
Sohl
Niederdieten
henbach-Bahnhof
Achenbach
Oberdieten
Quotshausen
Mandeln
Roth
nteich
44
45
46
47
48
49
50
62
480
253
0
5 km

44 Flauschig schön und eigensinnig

UNTERWEGS MIT DEN ALPAKAS DER RANCH DÖRNBACH

Die großen Kulleraugen glänzen, der Blick ist schüchtern und trotzig zugleich. Sie scheinen zu fragen, warum da fremde Menschen am Zaun stehen. Gleichzeitig sind die Wesen mit den unwiderstehlichen Wuschelfrisuren aber neugierig und kommen näher. Ob es wohl bald losgeht? Steht heute wieder eine gemeinsame Wanderung durch die herrliche Natur am Birkelbach und über die Höhen an?

Mit Alpakas wandern zu gehen, das ist für viele Menschen ein großer Traum. Iris und Christian Dörnbach lassen diesen Wunsch wahr werden. 2015 haben sie sich ihren eigenen Traum erfüllt und drei Alpakas zu sich geholt – der Beginn der Alpaka-Ranch Dörnbach. Sie sagen: „Wer einem Alpaka zu tief in die Augen schaut, ist für immer von ihm gefesselt!" Die Tiere sind faszinierend schön, schnell ist man verliebt. Jedes der inzwischen zehn Alpakas hat seine Eigenheiten: Der gelassene wolligweiße Utah, der sich nicht von den anderen beeindrucken lässt, wenn er in der Hitze das kühlende Bad in der Sandgrube nimmt – den Hals ganz lang gestreckt, damit er sich auch so richtig entspannen und erfrischen kann. Bonfire, elegant in Schwarz mit der zauberhaften Blesse auf der Nase, ist die heimliche Chefin der Gruppe, das regelt sie ganz charmant. Nesthäkchen ist die kleine Marie von der Winterseite, die ein bisschen scheu ist, ziemlich verschmust und mit irre langen Wimpern klimpern kann.

Bezaubernd und so weich

Alpakas sind ganz flauschig, herrlich kuschelig, aber man muss sich die Streicheleinheiten erst verdienen. Wer ein Alpaka anfassen möchte, der darf nicht stürmisch sein. Zurückhaltung ist gefragt. Kraulen darf man die Tiere erst, wenn man sie umworben hat. Und bitte nicht einfach am Kopf, von oben – das mögen sie gar nicht.

Unsicher, was das Alpaka wirklich denkt oder fühlt? Kein Problem, Iris ist ja da und hilft weiter. Sie hat eine liebevolle Beziehung zu ihrer Herde, das merkt man sofort. Die Tiere schauen immer wieder zu ihr und ihrem Mann und versichern sich, dass alles ok ist. Und auch die Menschen, die auf die Ranch kommen, lassen sich von Iris zeigen, wie man mit den Alpakas umgeht. Damit der Kontakt zwischen den Tieren und den Besuchern tiergerecht und für alle Beteiligten schön ist, bitten Iris und Christian, dass vorab Termine ausgemacht werden. Wer möchte, kann eine Alpaka-Auszeit buchen und die faszinierenden Flauschnasen ganz entspannt direkt auf ihrer Wiese kennenlernen. Perfekt als Alternative zu den Wanderungen und für alle, die die Tiere hautnah erleben möchten und mehr über sie erfahren wollen.

Die Wanderungen finden nach individueller Absprache mit zwei bis zehn Tieren statt und dauern rund 90 Minuten. Jedes Alpaka auf der Ranch hat sein eigenes Halfter mit Namensschildchen, damit nichts zwickt und auf den empfindlichen Näschen drückt. Fühlen die Tiere sich nicht wohl, dann kommen sie nicht mit – die Wanderung endet im Sitzstreik oder eher im Liegestreik. Aber auch hier weiß Iris Rat. Mindestens zwei Besucher müssen es sein und die Tiere brauchen beim Spaziergang einen Partner.

Die Tiere lieben die Gesellschaft

Paradiesischer Hofladen

Alpakas sind Herdentiere, sie sind nicht gern allein – selbst in die Tierklinik muss ein Kumpel mit, wenn dort eine Übernachtung ansteht, weil der Zahn entzündet ist. Einfach nur bezaubernd, oder?

Immer noch nicht genug von den flauschigen Tieren? Der Hofladen bietet viele Produkte aus Alpakawolle – zum großen Teil hergestellt aus dem Vlies der hofeigenen Tiere. Ein paar Artikel werden auch zugekauft, den Rest handarbeitet Iris Dörnbach selbst. Eine wahre Künstlerin an der Stricknadel, die Mützen mit den Alpakas drauf sind einfach märchenhaft schön. Wer lieber selbst zaubern will, kann auch Wolle kaufen. Handgesiedete Alpaka-Seifen in bunten Farben und vielfältigen Duftrichtungen runden das Sortiment ab.

Lange Beine, schiefe Zähne, wolkig-wuschelige Frisur mit schelmischem Blick. Braun, schwarz, weiß oder beige – alle sind sie zauberhaft, die Alpakas von der Ranch Dörnbach. Na, verliebt?

Info

Lage: Die Alpaka-Ranch steht in Birkelbach, rund viereinhalb Kilometer nördlich von Erndtebrück.

Adresse: Alpaka-Ranch Dörnbach, Winterstraße 7, 57339 Erndtebrück

Website: *alpakaranch-doernbach.de*

45 Zarte Blüten in Rosa, Weiß und Purpur

DER ROSENGARTEN IN ERNDTEBRÜCK

Schmetterlinge flattern umher, Insekten summen und brummen, die laue Luft duftet herrlich nach Gras, Feuchtigkeit und natürlich nach Rosen. Die Augen schweifen hin und her, können sich nicht sattsehen an den vielen zarten Blüten, die ringsum ihre Schönheit zeigen. Ein zartes Rosa, leuchtendes Weiß und knalliges Rot – die Rosen leuchten regelrecht.

Kapelle im Fachwerkstil

Im Rosengarten, im Alten Friedhof, lernt man das Entdecken ganz neu, alle Sinne werden angesprochen und verzaubert. Es gibt nur eins, das man mitbringen sollte und zwar reichlich: Zeit. Zeit zum Ankommen, zum Erforschen, zum Schnuppern, Streicheln und genauen Betrachten der vielen kleinen Blütenwunder. Zeit, um sich zu entspannen und einen der schattigen Rückzugsorte mitten in der grünen Idylle zu nutzen, um zu entschleunigen. Natur pur genießen. Ach ja, es ist auch ein bisschen schwierig, den Rosengarten auf Anhieb zu finden – aber so ist das eben mit besonderen Plätzen. Kleinode muss man suchen.

Auch die Kleinen vom Kindergarten gleich nebenan sind in der warmen Jahreszeit oft hier. Im bunt-duftigen Refugium lernen sie, wie Insekten ihre Nahrung finden und wie es aussieht, wenn die unterschiedlichen Tierchen vorbeifliegen – was das Besondere an den jeweiligen Arten ist. Und sie sehen mit eigenen Augen, warum Vielfalt, eine naturbelassene Umwelt und eine gewisse Wildnis wichtig sind.

Mehr als 500 verschiedene Sorten von historischen Rosen haben hier eine neue Heimat gefunden. Das besondere an diesen Rosen ist, dass sie nur einmal im Jahr blühen, dafür aber umso intensiver duften. Moderne Rosen haben oft ihren bezaubernden Wohlgeruch verloren, hier aber duftet es überall in verschiedener Intensität. Damit der Garten auf dem Alten Friedhof auch im Frühling und

Die ganze Pracht

Herbst blüht, haben die beiden Initiatorinnen Antje Laues-Oltersdorf und Renate Ludwig-Bernshausen Stauden und andere Blumen zwischen die Rosenbüsche gepflanzt. So schützen und ergänzen die Pflanzen sich gegenseitig. Schon im Frühjahr blühen die Christrosen und die Wildnarzissen direkt an der Kapelle im Fachwerkstil, die ebenfalls einen zweiten Blick verdient hat. Im Herbst sorgen die Astern für Farbe und leuchten mit den Blättern der Bäume um die Wette. Geranien sind ebenfalls zu finden und Sedum, damit es schön grün bleibt.

Verwunschener Rückzugsort

Vor mehr als zehn Jahren haben die beiden „Rosenfrauen" den Rosengarten auf dem ehemaligen Friedhof angelegt. Seither wächst die Anzahl der Pflanzen stetig und sie haben dennoch viele Wünsche, welche Rosen sie gerne zusätzlich hier hätten. Wer den Rosengarten unter sachkundiger Anleitung kennenlernen möchte, kann nach Absprache während der Blütezeit an einer Führung teilnehmen. Die Rosenfreundinnen sind im Sommer vielbeschäftigt, um den Garten zu pflegen. Samstags ist eine der beiden immer da und bietet auch Beratung an für Neulinge im Rosenanbau oder wenn es mit den Schönheiten im eigenen Garten nicht so gut klappt. Wer mag, kann einen Ableger der Erndtebrücker Schmuckstücke kaufen und ein bisschen vom Glück des Rosengartens mit nach Hause nehmen.

Schönheit in Pink

Info

Lage: Der Rosengarten liegt etwa einen Kilometer westlich des Zentrums von Erndtebrück, das etwa 15 Kilometer südwestlich von Bad Berleburg entfernt ist.

Adresse: Rosengarten – Alter Friedhof, Ederfeldstraße, 57339 Erndtebrück

Website: *erndtebrueck.de/Freizeit-Tourismus/Sehenswertes/Rosengarten-Alter-Friedhof/*

Aktivitäten:

- Wandern auf der Rothaarsteig-Spur Zinser Grenzpfad: Startpunkt Wanderparkplatz Am Zinsebach in Erndtebrück-Zinse oder am Wanderparkplatz Röspe, Forsthaus Röspe (an der L553), 57339 Erndtebrück, *siegen-wittgenstein.info/de/tour/wanderung/rothaarsteig-spur-zinser-grenzpfad/52469585*
- Wandern auf dem Zinser Rundwanderweg: *siegen-wittgenstein.info/de/tour/wanderung/zinser-rundwanderweg/24285691*

Einkehren:

- Eiscafé Dolomiti: Marburger Straße 3, 57339 Erndtebrück (im Winter geschlossen)

46 Tief unter der Erde

DER BUNKER ERICH IN ERNDTEBRÜCK LÄDT ZUR ZEITREISE

Auf dem Parkplatz pfeift eisig der Wind, weit und breit kein Haus, nur ein Zaun mit großem Tor. Von einem Bunker ist nichts zu sehen. Und trotzdem kann man in diesem Denkmal die Geschichte des Kalten Kriegs erleben! Denn der faszinierende Luftschutzverteidigungsbunker Erich in Erndtebrück liegt natürlich unter der Erde, ist gut versteckt und bestens geschützt.

Das Gelände des Bunkers Erich mit über 75.000 Quadratmetern wird heute für Übungen im Sicherheits- und Katastrophenschutz vermietet, gleichzeitig eignen sich die Außenanlagen auch perfekt für Laser-, Airsoft- oder Paintballspiele. Kein Wunder, dass hier alte Autos stehen – zum Teil nur noch die Karosserie – und andere Versteckmöglichkeiten. Wer in seiner Freizeit bei taktischen Geländespielen über das Areal pirscht, will schließlich nicht entdeckt werden und schleicht auf leisen Sohlen von einem Zufluchtsort zum anderen.

Zuflucht ist ein gutes Stichwort, das war natürlich die Aufgabe des Bunkers. Während des Kalten Krieges in Europa wurde der Luftschutzverteidigungsbunker Erich in Erndtebrück in den 1960er-Jahren gebaut und genutzt. Seit Sommer 2023 ist er als Denkmal anerkannt und so kann die Zeitgeschichte auch für künftige Generationen erhalten bleiben. Vom ehemaligen NATO-Bunker aus wurde damals dic militärische Luftraumüberwachung über Westdeutschland gesteuert. Während der Wiedervereinigung übernahm Erich ebenfalls eine wichtige Rolle bei der Zusam-

Zeitreise in die 1960er-Jahre

Vorraum zum OP

Telefonanlage

menlegung der beiden deutschen Lufträume. Heute ist der Bunker im Privatbesitz von Ralf Pasbach, der zu spannenden Führungen einlädt. Einfach anrufen, Termin vereinbaren und dann erzählt er tief unter Tage Geschichten aus der deutschen Vergangenheit. Dabei sind die Besucher mitten im Geschehen – wen würde es nicht ein bisschen gruseln, wenn er sich vorstellt, hier unten operiert werden zu müssen. Die Ausstattung im ehemaligen Krankenzimmer und OP-Saal ist immer noch vorhanden, natürlich mit damaliger Technik und Ausrüstung.

Weil dieser steinerne Zeuge so bedeutsam war und ist, hat die Gemeinde Erndtebrück gemeinsam mit dem Landschaftsverband Westfalen-Lippe (LWL) den Bunker Erich in die Denkmalliste eingetragen und offiziell unter Schutz gestellt. Wer einmal hier war, weiß, warum. Die Geschichte wird nicht nur lebendig, sondern geradezu greifbar. Eine Luftraumüberwachung ohne die heutige moderne Technik, gläserne Wände, die in Spiegelschrift beschrieben wurden, um aktuelle Angaben über die verschiedenen Flugzeuge über Deutschland zu erhalten. Eine kleine Stadt mit eigenen Generatoren, OP, Küche und Schlafräumen, ein von innen verriegelbares Büro für den NATO-Mitarbeiter, der seine Befehle direkt von dieser übergeordneten Behörde erhielt, und ein ganzer Raum voller Telefonanlagen. Innen ist der Bunker mit einer dicken Wand aus Teakholz verkleidet, damit keine Splitter umherfliegen, falls es doch einen Bombentreffer gibt. Zudem ist er schwimmend gelagert, d. h. die komplette Konstruktion kann sich seitlich verschieben und ist so widerstandsfähiger. Einfach beeindruckend, dieses ungewöhnliche Museum, und damals so geheim.

Alte Ausrüstung

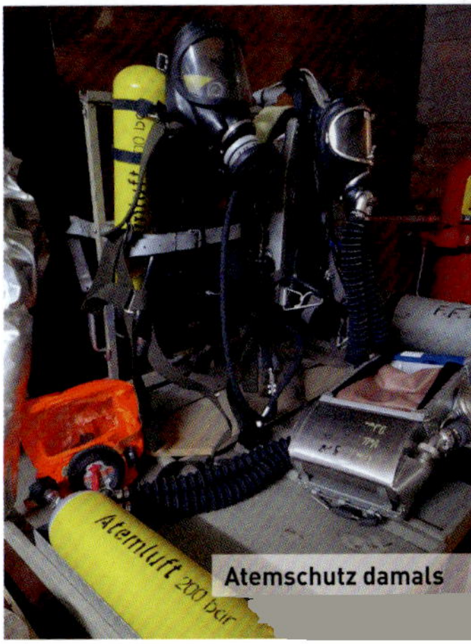

Atemschutz damals

Info

Lage: Erndtebrück ist etwa 15 Kilometer südwestlich von Bad Berleburg entfernt.

Adresse: Bunker Erich, Dillstraße 1, 57339 Erndtebrück

Website: *bunker-erich.de*

47 Wo sich Wasser und Wald begegnen

DER WEIDELBACHER WEIHER, KRAFTORT MITTEN IM GRÜNEN

Was für ein besonderer Ort, wo mitten im Wald auf der kleinen Lichtung das Wasser in der Sonne glitzert und leuchtet. Wo die Insekten über der spiegelnden Oberfläche tanzen und sich gemeinsam drehen – ein leises Plätschern, das Rascheln der Blätter. Der Weidelbacher Weiher lädt ein, zu entspannen, zu träumen, tief durchzuatmen und seine Alltagssorgen hinter sich zu lassen.

Kraftort? Nie gehört? Kraftort wird ein Ort dann genannt, wenn diese Stelle eine besonders positive Wirkung hat – zum Beispiel, wenn dieser Ort als außergewöhnlich beruhigend, stärkend oder schön empfunden wird. Ein Ort also, der der Seele guttut. Auch wenn man mit Esoterik nichts am Hut hat, ist der Weidelbacher Weiher ein solch besonderer Ort. Unabhängig von Bewusstseinserweiterung, besonderer Erdstrahlung, esoterischen, magischen oder mystischen Vorstellungen, man spürt die tiefe Ruhe, die hier herrscht. Am Weiher trifft Wasser auf Wald und die beiden Lebensräume verbinden sich. Tiere, die für ein Habitat bekannt sind, sind hier genauso zu Hause, wie die Tiere des anderen. Auch das macht den Reiz dieses berührenden Ortes aus. Ganz besonders ursprünglich und romantisch ist der Weidelbacher Weiher, wenn im späten Sommer die Seerosen blühen und ihre Schönheit zeigen.

Ein kleines, verträumtes Paradies mitten im Ilsetal, das an sich schon eine Idylle ist. Besonders ist an der Ilse auch, dass sie nur ein kleiner, kurzer Fluss ist. Sie ist nur knapp neun Kilometer lang, dafür ist der Weg entlang ihrer Ufer umso schöner. Und dann entspringt dieser Fluss auch noch aus zwei Quellen: der Obersten Ilsequelle, die am Ostnordosthang des Jagdberges entspringt, und der Heiligen Ilsequelle, die sich am Nordwesthang des Berges Kompass befindet. Sie soll gesundheitsförderndes Heilwasser haben. Schon im Mittelalter kamen die Menschen hierher, um Heilung zu finden, und bis heute schwören viele auf dieses Quellwasser, das dem der Lourdesquelle ähnelt, wie Untersuchungen belegen.

Wasser und Wald

Schmale Pfade, kleine Brücken

Wegweiser mit vielen Infos

Auf ihrem kurzen Lauf fließt die Ilse durch das Wittgensteiner Bergland, durch ein enges Tal. Weitere Bäche kommen dazu, bis die Ilse nahe Feudingerhütte in die Lahn mündet. Auch die Lahn, die wiederum in den Rhein mündet, entspringt im Rothaargebirge, gar nicht weit entfernt von den Quellen der Ilse, genau wie auch die Flüsse Sieg und Eder.

Wer sich vom Zauber des Weihers lösen kann und weiterwandert, geht durch einen Hohlweg, der an frühes Reisen und die altmodische Logistik erinnert. Dieser Hohlweg wurde 2016 sogar in die Liste der Bodendenkmäler eingetragen – seine Geschichte ist faszinierend. Man nimmt an, dass er Teil des mittelalterlichen Handelsweges zwischen Feudingen, das heute zu Bad Laasphe gehört, und dem Siegerland war. Um das Siegerländer

Eisenerz zu den Schmelzöfen in Feudingen zu bringen, wurde zwischen dem 17. und 19. Jahrhundert ebenfalls dieser Weg genutzt. Auf dem Rückweg wurde oft Holz ins Siegerland transportiert. Durch die unzähligen Fahrten mit den Pferdewagen gruben sich die Reifen immer weiter in die Erde: Die Fahrrillen sind heute noch als Hohlwege erkennbar.

Auf dem weiteren Weg gelangt man bald schon an die Bettelmannsbuche. Die Schutzhütte hier ist ein uralter Rastplatz – jahrhundertelang ruhten sich an diesem Ort Fuhr- und Kaufleute, Pilger und Reisende aus. Schade, dass die Bäume nicht erzählen können, was in ihrem Schatten alles geschehen ist. Von hier aus kann man auch Richtung Lahntal weiterlaufen. Wer nach Dernbach marschiert, hat vielleicht Glück und sieht die mächtigen Wisente in ihrem großen Gehege.

Info

Lage: Der Weidelbacher Weiher liegt rund zwölf Kilometer westlich von Bad Laasphe.

Adresse: Rothaarsteig-Spur Ilsetalpfad, Parkplatz an der Volkshalle Feudingen (Straße: Auf den Weiherhöfen 31, 57334 Bad Laasphe-Feudingen), ab hier etwa zehn Minuten Fußweg (Gehrichtung links) bis zum WanderPortal „Zum Eichholz" und dem Start der Ilsetalpfads. Oder Wanderparkplatz Ilsetal, südlich Feudingerhütte, 57334 Bad Laasphe

Aktivitäten:

- Wanderung zum Rastplatz Weidelbacher Weiher: zwischen Feudingerhütte und Lindenfeld, 57334 Bad Laasphe

Einkehren:

- Romantik Landhotel Doerr: Sieg-Lahn-Straße 8-10, 57334 Bad Laasphe, *landhotel-doerr.de*
- Hotel im Auerbachtal: Wiesenweg 5, 57334 Bad Laasphe, *auerbachtal.de*

48 Heiliges Wasser mitten im Wald

DIE ILSEQUELLE VERZAUBERT MIT HEILWASSER UND MYSTISCHER UMGEBUNG

Gleichzeitig schärfen sich die Sinne, wenn die Umgebung so ruhig ist. Die Augen sehen Kleinigkeiten, die in der Hektik des Alltags sonst untergehen. Das Blatt, das so schön gefärbt ist, die winzige Blume am rauen Stamm eines knorrigen Baums, das summende Insekt, das vorbeischaukelt. Die Ruhe der Natur überträgt sich schnell, das Alltagsleben bleibt zurück. Vielleicht hilft es auch, dass man an diesen besonderen Ort nur zu Fuß gehen kann – anders kommt man nicht hin. Viele bezeichnen die Quelle auch als Kraftort. Fakt ist, dass dieser Ort schon im Mittelalter nachweislich sehr anziehend für die Menschen war – vielleicht auch schon weit vorher.

Wer es mystisch und verwunschen mag, der ist genau richtig an der Ilsequelle. Ganz friedvoll ist es hier, nur das Wasser plätschert leise vor sich hin und ein paar Vögel zwitschern hoch oben in den Ästen. Ein paar Zweige rascheln, genau wie das Laub unter den Schuhen. Sonst ist nichts zu hören – welch eine Wohltat für die Ohren und die Seele!

Das Wasser der Ilse soll rechtsdrehend und damit positiv polarisiert sein, wie es auch das Wasser der Wunderquelle von Lourdes ist. Damit unterscheidet sich das Quellwasser von normalem Wasser und ist nicht nur köstlich, sondern auch heilsam, sagen viele. Auch heute noch glauben die Menschen an die Heilkraft des Wassers der Ilsequelle

Das Wasser der Ilsequelle soll ganz besonders sein

und holen sich hier Wasser. Auch der Name Heiligenborn, was soviel wie heilige Quelle heißt, deutet darauf hin. Im Mittelalter pilgerten viele Kranke zur Ilsequelle, weil sie hofften, dass das Wasser sie heile. Die Ilsequelle war eine der bekanntesten Heilquellen Mitteleuropas! Zeitweise gab es Hütten und Zelte vor Ort, um die Pilger unterbringen zu können und zu verköstigen, selbst ein Badeteich mit dem heiligen Wasser wurde angelegt, um die Leiden zu lindern. Und natürlich auch ein Almosenstock, um Spenden einzunehmen. 1862 soll eine gichtkranke Frau geheilt worden sein, nachdem sie eine Trinkkur mit dem Wasser der Quelle durchgeführt hatte. Sie konnte anschließend wieder problemlos gehen. Die Krücken der Kranken blieben an der

Quelle zurück und es heißt, die Bäume wären voll davon behangen gewesen als Zeichen der Heilungen.

Egal, ob man an die Heilkraft des Wassers glaubt oder nicht, die Ilsequelle und ihre Umgebung sind fantastisch. Der Ort ist mystisch und verwunschen und wunderschön zugleich. Der Wald mit seinem harzigen Duft und dem weichen Boden, Sträucher und Bäume, die wachsen, wie sie wollen, die kühle und frische Luft, die leisen Geräusche der Natur – hier kann sich jeder wohlfühlen. Die Quelle selbst ist ebenfalls sehenswert. Die uralte Einfassung aus Stein ist mit buntem Moos geschmückt. Die Pflanzen schimmern in der feuchten Umgebung in allen nur erdenklichen Grüntönen und immer wieder ist auch ein Fleckchen Rot oder Gelb darunter. Die Schöpfungskraft der Natur

Ein Ort der Ruhe und des Friedens

und der Frieden des Waldes sind hier spürbar. Wer tief Atem holen möchte und neue Energie sucht, kann sich auf einer der Ruhebänke oder den Waldsofas ausruhen. Hier ist auch der perfekte Platz für ein Picknick.

Sowohl der Rothaarsteig, als „Der Weg der Sinne" bekannt, wie auch der Europäische Fernwanderweg E1 führen an der Ilsequelle vorbei. Auch die Quellen der Flüsse Lahn, Sieg und Eder sind hier ganz in der Nähe – daher wird dieses Gebiet oft auch QuellenReich genannt. Viele Sagen und mystische Geschichten ranken sich um diese besonderen Orte mitten im Grün.

Info

Lage: Die Ilsequelle liegt etwa zehn Kilometer südwestlich von Bad Laasphe mitten im Wald, sie ist nur zu Fuß erreichbar.

Adresse: Ilsequelle, Heiligenborn, 57334 Bad Laasphe

Website: *siegen-wittgenstein.info/de/poi/heilquelle/ilsequelle/32387100*

Aktivitäten:

- Walderlebnispfad „Siegquelle": Eisenstraße – Wanderparkplatz, Siegquelle, 57250 Netphen
- Waldinformationszentrum Forsthaus Hohenroth: Eisenstraße/Kohlenstraße, 57250 Netphen, *waldland-hohenroth.de*

Einkehren:

- Landgasthof zur Siegquelle: Großenbacher Straße 2, 57334 Bad Laasphe, *landgasthof-zur-siegquelle.de*
- Landgasthof zum Lahnhof: Lahnhof, 57250 Netphen, *gasthof-lahnhof.de*
- Relais & Châteaux Hotel Jagdhof Glashütte: Glashütter Straße 20, 57334 Bad Laasphe, *jagdhof-glashuette.de*

49 Kleine Gesellen in allen Formen

DAS PILZMUSEUM IN BAD LAASPHE

Hut an Hut reiht sich in den Vitrinen, aber es handelt sich nicht um eine schicke Boutique. Gefriergetrocknetes, wohin man schaut, aber nicht, um im Notfall gegessen zu werden. Wer ins Pilzkunde Museum in Bad Laasphe kommt, wird überrascht und beeindruckt sein von der Vielfalt der Pilze und davon, was sie alles können.

Auch Baumschwämme gehören zur Familie

Einer hat den Überblick und den Durchblick: Volker Walther, Herr über die mehr als 900 Arten von Hutträgern, die das Museum modern angerichtet zeigt. Wer das Glück hat und ihn im Museum im Haus des Gastes mitten im Herzen der Lahnstadt antrifft, der erfährt wirklich alles über die kleinen Wunderwerke, die mal schmal und grazil in Gelb, mal dick und knollig in Weiß oder Beige mit brauner Kappe daherkommen. Pilze sind nicht nur sein Job, sondern seine Leidenschaft – das merkt man im Gespräch sofort. Seit gut drei Jahren ist das Museum neu gestaltet und macht Lust auf einen Rundgang durch diese ganz besondere Sammlung. Pilze kennenlernen, das ist für viele neu, denn diese Lebewesen wachsen ja meistens abseits der bekannten Wege und im Verborgenen. Volker Walther berichtet, dass das Pilzmuseum in Bad Laasphe eines der ganz wenigen Pilzmuseen in ganz Deutschland ist und dass die große Artenzahl einzigartig ist. Mehr als 900 Arten werden hier ausgestellt und das auch noch als echte Pilze – nicht als nachgebaute Modelle. Sie alle wurden gefriergetrocknet und halten daher ewig, wenn sie trocken gelagert werden und keine Tiere an ihnen nagen. Im Laufe der Zeit verblasst die Farbe der Pilze ein bisschen, aber dafür kann man jede einzelne Lamelle, jedes feinste

Pilz-Deko komplettiert die Sammlung

Detail an Fruchtkörper und Hut sehen. Übrigens dauert es bis zu drei Jahre, bis aus einem frisch gesammelten Pilz zusammen mit Kieselgel in der Gefriertruhe ein getrocknetes Ausstellungsexemplar geworden ist.

Wer nach dem Besuch im Museum immer noch neugierig ist und selbst auf die Suche nach Pilzen gehen möchte, der kann mit Volker Walther auch im Sommer und Herbst aktiv nach draußen gehen. In verschiedenen Seminaren für Anfänger oder fortgeschrittene Pilzkenner gibt es noch mehr Infos in Theorie und Praxis über die Welt der Pilze. Wo man sie findet, wie man sie erkennen und unterscheiden kann, wie man sie schonend sammelt, welche Arten essbar, genießbar oder gar giftig sind, und natürlich auch, wie man sie reinigt und zubereiten kann. Alle der bisher rund 150.000 bekannten Arten lernt man sicher nicht kennen, aber spannend wird es auf jeden Fall!

Auch in den Schubladen verstecken sich Pilze

Die Vielfalt ist einfach unglaublich

Info

Lage: Das Pilzkunde Museum liegt mitten im Zentrum von Bad Laasphe, in unmittelbarer Nähe zum Kurpark. Bad Laasphe liegt etwa 18 Kilometer südlich von Bad Berleburg.

Adresse: Pilzkunde Museum im Haus des Gastes, Wilhelmsplatz 3, 57334 Bad Laasphe

Website: *pilzmuseum.de*

Aktivitäten:

- Touristinformation im Haus des Gastes: VR-Brille ausleihen und Wittgenstein virtuell entdecken
- Laaspher Bierwegelchen: durch den Kurpark und die Altstadt Bad Laasphes; Start bei der Brauerei Bosch, Steinackerstraße 15, 57334 Bad Laasphe, *siegen-wittgenstein.info/de/tour/themenweg/bad-laaspher-bierwegelchen/30817856*

50 Reise in das All

UNTERWEGS AUF DEM PLANETENLEHRPFAD UND DEM ENTENBERG

In nur wenigen Stunden komplett durch die Galaxie reisen und mit bloß einigen Schritten bei Uranus vorbeischauen? Klingt fantastisch und gleichzeitig auch völlig unrealistisch. In Bad Laasphe ist das kein Problem. Die Reise ist unkompliziert und ganz bequem zu Fuß machbar. Start ist im Kurpark, der auf einer Kuppe zehn Gehminuten von der Stadtmitte entfernt liegt.

Wunderschöner Mittelpunkt des Parks ist der idyllische Teich mit Seerosen, umgeben von Bäumen, die im Sommer wunderbar kühlen Schatten bieten. Bänke laden zum Frühstück, Mittagessen oder einfach zur Pause mit Ausblick ins Grüne ein. Die Reise durch die Galaxie kann ebenfalls hier beginnen – auch wenn der eigentliche Start am Modell der Sonne in Niederlaasphe an der Amalienhütte kurz hinter dem Weiher ist. Das große gelbe Betonmodell dort ist sehr präsent, man kann es gar nicht übersehen. Im Kurpark landen wir direkt mit nur wenigen Schritten beim Uranus. Wow, eine einzige Jahreszeit auf diesem Eisplaneten dauert 21 Jahre lang! Das Element Uran wurde übrigens nach ihm benannt. 1781 hat der Astronom Wilhelm Herschel den siebten Planeten im Sonnensystem mithilfe eines Fernrohres entdeckt und nach dem griechischen Himmelsgott Uranus benannt. Es heißt, der Eisplanet sei der erste Planet, den man mit einem Teleskop entdeckt habe, seine Ringe wurden erst später gesichtet.

Die Sonne

Apropos Eis, die mittlere Oberflächentemperatur auf dem Uranus beträgt eisigkalte minus 197 Grad Celsius. Und der Planet braucht mehr als 84 Jahre, um die Sonne einmal zu umrunden! Nichts wie weg hier. Zum Glück brauchen Reisende auf dem Planetenlehrpfad nur ein paar Schritte, um zum nächsten Planeten zu gelangen. Insgesamt ist der Pfad sechs Kilometer lang und zeigt eindrucksvoll die unvorstellbaren Ausmaße unseres Sonnensystems und die schiere Größe der Planeten. Das 75-jährige Bestehen des Städtischen Gymnasiums Bad Laasphe im Jahr 1998 war Anlass, dass Schüler diesen Weg geplant und angelegt haben. Die Sonne und ihre Planeten sind im Maßstab 1:1.000.000.000 abgebildet – kaum vorstellbar, wie riesig sie tatsächlich sind.

Hoch hinaus geht es auch auf dem Entenberg. Nicht weit vom Kurpark entfernt erhebt sich dieser 523 Meter hohe Gipfel. Die Lahn-Facette Entenberg ist eine tolle Wanderung mit natur-

Unterwegs auf der Lahn-Facette Entenberg

nahen, verschlungenen Pfaden und Forstwegen, die zur Spitze hinaufführen. Unterwegs macht man gerne mal Pause, nicht nur, weil die Anstiege teilweise ziemlich steil sind, sondern auch weil einige Stellen faszinierende Ausblicke ermöglichen. Hier zeigt sich einer der traurigen Vorteile des massiven Borkenkäferbefalls in der Region. Viele Bäume mussten gefällt werden und so sind Lücken entstanden, die ganz neue und absolut traumhafte Fernsichten über das Wittgensteiner Bergland und die untenliegende Lahnstadt bieten.

Oben angekommen, locken eine Bank und ein bezauberndes Panorama – das war die Anstrengungen wert. Die Augen schweifen umher und mit ein bisschen Glück gibt es auch noch Gleitschirmpiloten zu sehen, die sich hier in die Tiefe stürzen. Was für ein Abenteuer, wenn sie den Absprung wagen und als bunte Flecken wie Schmetterlinge gaukelnd ins Tal schweben. Einen genaueren Blick verdient das Gipfelbuch, die Eintragungen sind zum Teil wirklich rührend und machen das Erlebnis perfekt. Wer möchte, kann an dieser Stelle auch seinen Stempelpass des Lahnwanderwegs abstempeln.

Ausblick vom Entenberg

Bad Laasphe? Wie genau spricht man eigentlich diesen komplizierten Namen aus, fragen sich alle, die nicht aus der Region kommen. Zweimal ein „a" und dann auch noch „ph"!? Aber es ist ganz einfach: Bad Laasphe spricht man wie „Lasfe" mit langem „a". Und es lohnt sich, zu lernen, wie man den Namen spricht und die Stadt zu besuchen, denn die Stadt an der Lahn hat richtig was zu bieten.

Info

Lage: Bad Laasphe befindet sich etwa 45 Kilometer östlich von Siegen und liegt nahe an der hessischen Landesgrenze.

Adresse: Kurpark Bad Laasphe, Brückenstraße, 57334 Bad Laasphe

Websites:

- *tourismus-badlaasphe.de*
- *planetenlehrpfad.space*
- *siegen-wittgenstein.info/de/tour/themenweg/planetenlehrpfad-bad-laasphe/61857483/*

Aktivitäten:

- Bierwegelchen: Start bei der Brauerei Bosch, Steinackerstraße 15, 57334 Bad Laasphe
- Pilzkunde Museum im Haus des Gastes, Wilhelmsplatz 3, 57334 Bad Laasphe, (siehe Tipp 49)

Das kleine
Wörterbuch

Wildgehege am Forsthaus Hohenroth

Das kleine Wörterbuch

A

Äarwersersobbe – Erbsensuppe
Angeschickert – beschwipst
Anne Ecke liegen – krank sein

B

Backes – gemeinschaftlich genutztes Backhaus
Barnarne – Banane
Beesluff – Schnittlauch
Botze – Hose
Broddeler – unzufriedener Mensch

D

Dappes – Tollpatsch
Dilldappen – Siegerländer Fabelwesen
Dong – Scheibe Brot, Brotzeit
Duffel(n) – Kartoffel(n)
Durmelig – schwindelig, berauscht

F

Frosch – historische Öllampe im Bergbau
Fuddeler – Betrüger, Schwindler!

G

Gedäh – Geschrei, Zirkus, Aufstand, Aufruhr
Gemorje! Gon Dach! – Guten Morgen! Guten Tag!
Gnoaz – Griesgrämiger Mann
Goode – Patentante

H

Hannebambel – schlapper Kerl, gutmütiger Trottel
Hauberg – Der Hauberg ist eine für das Siegerland und die Nachbarschaft typische Art der genossenschaftlichen Waldbewirtschaftung
Henner und Frieder – Symbolfiguren für Bergmann und Hüttenmann
Hickes – Schluckauf

I

i-Dötzchen – Erstklässler, Schulanfänger

K

Knippchen, Knibbche – kleines Messer, Schälmesser, früher im Hauberg verwendet
Köhler – Kohlenbrenner
Kohlenmeiler – aufgeschichteter Kegel aus Holz, der zu Kohle gebrannt wird
Koweratzje – Eichhörnchen
Kwätschekooche – Zwetschgenkuchen

L

Lälles – Schwätzer
Lohe – zum Gerben verwendete, zerkleinerte Rinde, besonders von jungen Eichen und Fichten, meistens aus dem Hauberg

M

Mäckes – Hausierer, Tee- oder Kaffeekanne
Magolwes – Eichelhäher

N

Nodda – Auf Wiedersehen, zustimmende und abschließende Erwiderung

O

Ollern – Dachboden
Ollerndommes – Gespenst

R

Riewekoche – Kartoffelbrot

S

Saujong – Saujungen, aber auch im Sinne von Kumpel verwendet
Schanzen – zu Bündeln gebundenes Reisig, das zum Anheizen des Backes verwendet wird
Schnuck – Süßigkeiten, Kosewort
Schuur – Grußwort

W

Wahne – sehr
Watz – Wildschwein

Z

Zammel – unordentliche Frau

Register

A
Achenbach 54 ff.
Aldrin, Buzz 20, 49
Alpaka 220 ff.
Altenberg 80 ff.
Alter Flecken 19, 108 ff.
Alte Vogtei 178 ff.
Amerika 20
Autobahnkirche 154 f.

B
Backes 74
Bad Berleburg 15, 18, 196, 198 ff., 202 ff.
Bad Laasphe 18, 240 ff., 244 ff.
Barock 70, 198 ff.
Beatles 23
Bergbau 84 ff., 157
Bergmann 207
Bergwerk 37, 84 ff.
Birkenhof 160 ff.
Breitenbachtalsperre 88 ff.
Bunker Erich 228 ff.
Burbach 172 ff., 178 ff., 182 ff.
Burg 33, 92 ff., 109 f., 140 ff.

D
Dilldappen 122

E
Eder 21, 100, 136 ff., 209, 215, 234, 239
Entenberg 244 ff.
Erndtebrück 220 ff., 224 ff., 228 ff.

F
Fachwerk 108 ff.
Forsthaus 124 ff.
Freilichtbühne 116 ff.
Freudenberg 19, 106 f., 108 ff., 112 ff., 116 ff.
Frieder 23, 37
Fürst 21, 22, 33, 35, 36, 43, 109

G
Gegenwartskunst 17, 38 ff.
Gerhardsseifen 50 ff.
Giller 18, 93
Ginsburg 18, 92 ff.
Guinness-Buch der Rekorde 23

H
Hängebrücke 191
Hauberg 14, 16, 72 ff., 157
Henner 23, 37
Hilchenbach 18, 84 ff., 88 ff., 92 ff., 96 f.
Historischer Hauberg 72 ff.
Historischer Rundweg Achenbach 55
Historischer Tiergarten 42 ff.
Hofladen 15, 49, 160 ff., 215, 223
Hüttenmann 37

I
Ilsequelle 233, 236 ff.
Ilsetalpfad 235
Infozentrum 62, 179 f., 196, 202 ff.

J
Junkernhees 18, 68 ff.

K
Kartoffelbrot 21
Kelten 50 ff., 54 ff., 128
Kindelsberg 76 ff.
Kindelsbergturm 76 ff.
Knipp 74
Köhler 132 ff.
KulturPur 18, 93
Kulturerbe 14, 60 ff., 72 ff.
Kräuterey 96 f.

Kreuztal 68 ff., 72 ff., 76 ff.
Krönchen 21, 22, 34 ff.
Krombacher Brauerei 19, 76 ff.

L

Lahn 100, 136 ff., 234, 239
Lützel 96 f.

M

Märchenspur 198 ff.
Meiler 51, 132 ff.
Museum 17, 21, 23, 32, 38 ff., 84 ff., 110, 112 ff., 144 ff., 156 ff., 228 ff., 240 ff.
Museum für Gegenwartskunst 17, 38 ff.

N

Nase im Wind 164 ff.
Naturpark 14, 181, 202 ff.
Netphen 128 ff.
Neunkirchen 150 ff.

O

Oberes Schloss 30 ff.
Obernautalsperre 120 ff.

P

Pfannenbergturm 61, 152 ff.
Pilzkunde Museum 240 ff.
Planetenlehrpfad 244 ff.

Q

Quellen 100, 136 ff., 234, 239
Qulturwerkstatt 128 ff.

R

Raubritter 92
Reinhold Forster Erbstolln 60 ff.
Rennofen 51, 56
Riewekooche 21, 70
Ritter 69, 92
Rosengarten 224 ff.
Rothaargebirge 14, 94, 98 ff., 136 ff., 142, 180, 196, 202 ff., 234
Rothaarsteig 16, 35, 94, 98 ff., 142, 165, 184, 192, 196, 204, 239
Rotwild 124 ff.
Rubens, Peter Paul 17, 32
Ruine 92 ff.

S

Schanzen 75
Schanzenbrot 75
Schiefer 16, 206 ff.
Schloss 17, 18, 21, 30 ff., 35, 37, 56, 68 ff., 198 ff., 204
Schloss Berleburg 18, 198 ff.
Schloss Wittgenstein 18
Sieg 35, 37, 100, 136 ff., 239
Siegen 26 ff.
Siegerlandmuseum 17, 32, 56
Siegquelle 136 ff.
Stahlbergmuseum 84 ff.
Stollen 60 ff., 80 ff.

T

Talsperre 88 ff., 120 ff.
Technikmuseum 112 ff.
Tiefenrother Höhe 164 ff.
Tiergarten 22, 42 ff.
Trödelsteine 172 ff.
Trupbacher Heide 46 ff.

U

Unteres Buchhellertal 172 ff.
Unteres Schloss 17, 18, 30 ff., 38 ff.

W

Wald 72 ff., 124 ff., 168 ff., 190 ff., 232 ff., 236 ff.
Waldbaden 168 ff.
WaldSkulpturenWeg 190 ff.
Wandern 46 ff., 54 ff., 98 ff., 143, 165, 197, 220 ff., 227
Wasserburg 18, 140 ff.
Weidelbacher Weiher 232 ff.
Wilnsdorf 154 f., 156 ff.
Wisente 15, 194 ff., 202 ff.
Wisent-Wildnis 15, 194 ff.

Z

Zentrum Via Adrina 210 ff.
Ziegen 180 ff.

360°

In der Reihe sind u.a. bisher erschienen:

Cornelia Lohs
ISBN 978-3-96855-327-6
Preis 16,95 €

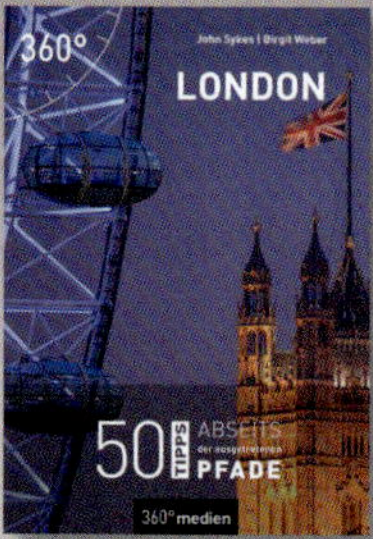

John Sykes
ISBN 978-3-96855-070-1
Preis 14,95 €

Carsten Heinke
ISBN 978-3-96855-299-6
Preis 16,95 €

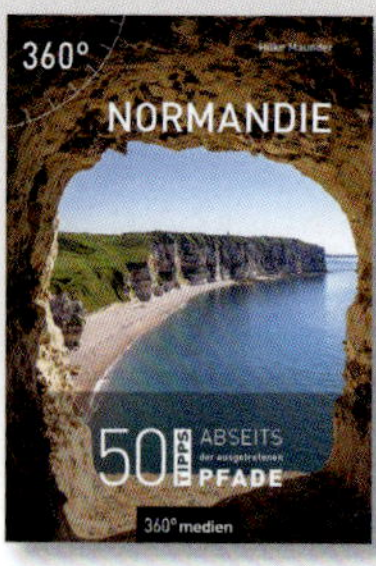

Hilke Maunder
ISBN 978-3-96855-300-9
Preis 16,95 €

Paolo Succu u. Andrea Behrmann
ISBN 978-3-96855-390-0
Preis 16,95 €

Bildnachweis: